Knaur

Birgit Feliz Carrasco

Die Seele braucht Stille

Knaur

Birgit Feliz Carrasco

Die Seele braucht Stille

Impressum

Bibliografische Information der Deutschen Nationalbibliothek

Die Deutsche Nationalbibliothek verzeichnet diese Publikation in der Deutschen Nationalbibliografie; detaillierte bibliografische Daten sind im Internet über http://dnb.d-nb.de abrufbar.

Wichtiger Hinweis

Die im Buch veröffentlichten Ratschläge wurden von Verfasserin und Verlag mit größter Sorgfalt erarbeitet und geprüft. Eine Garantie kann jedoch nicht übernommen werden. Ebenso ist eine Haftung der Verfasserin bzw. des Verlages und seiner Beauftragten für Personen-, Sach- oder Vermögensschäden ausgeschlossen.

Bildnachweis
Umschlagfoto und Foto innen: Veronika Pinke
Illustration: Gisela Rüger

Projektleitung: Bettina Huber
Redaktion: Petra Hirscher
Bildredaktion: Sylvie Busche, (Ltg.),
Markus Röleke
Herstellung: Veronika Preisler
Umschlaggestaltung, Layout und Satz:
griesbeckdesign, München
Reproduktion: Repro Ludwig, A-Zell am See
Druck und Bindung: Offizin Andersen Nexö,
Leipzig

Printed in Germany

ISBN 978-3-426-64621-2

5 4 3 2 1

Bitte besuchen Sie uns auch im Internet
unter der Adresse:
www.droemer-knaur.de

Widmung

Dank an meine Helfer im Irdischen und Überirdischen, dank an die Weisen des Ostens und des Westens und Dank für tiefe Meditationserfahrungen.

Kontakt zur Autorin:
www.das-wissen-vom-leben.de
info@das-wissen-vom-leben.de

Birgit Feliz Carrasco ist Heilpraktikerin, Ayurveda-Therapeutin und Yogalehrerin. Sie führt seit Jahren erfolgreich eine eigene Praxis mit integriertem Yogazentrum in München, arbeitet mit zahlreichen Patienten und Schülern, hält Seminare, verfasst Ratgeber und bildet Yogalehrer aus.

Ihr Therapieschwerpunkt bei der Arbeit mit Patienten und Yogaschülern ist die ganzheitliche Hilfe, mit den Anforderungen des Alltags sinnvoll und spirituell umzugehen.

Inhalt

Vorwort

Tagtäglich erlebe ich in meiner Heilpraxis, wie schwer es Patienten fällt, sich von den Anforderungen des Alltags zum eigenen Schutz abzugrenzen. Das ständige Tun und Handeln, die Hektik des Lebens, verhindern, dass die Emotionen des Tages verarbeitet und integriert werden. Hilfesuchend sitzen die Patienten vor mir und treffen Aussagen wie: »Ich funktioniere nur noch, ohne wirklich zu leben«, »Ich bin völlig ausgepowert«, »Ich muss mich ständig ärgern« oder »Ich fühle mich alleingelassen«. Diese und viele andere Gefühle stauen sich über Lebensjahre auf und werden stetig kompakter, weil keine Zeit mehr bleibt, die anhaltenden Empfindungen zu sortieren und aufzuarbeiten. Das Wesen des Menschen braucht jedoch stille Momente der Einkehr, um langfristig gesund und heil zu bleiben.

Erst wenn sich der Körper gegen den Stau der Emotionen im Inneren wehrt und unter der Anballung von emotionaler Energie krank wird, entsteht der Wunsch nach einem neuen, differenzierten Lebenswandel, und die Suche nach Lebensrat beginnt. Es ist, als ob Körper, Seele und Geist um Hilfe schreien würden, aber

Ein warmes Bad,
ein Gebet zu Buddha,
ein Kirschblütenzweig.

Issa

erst erhört werden, wenn Symptome wie beispielsweise Kopfschmerzen, wiederkehrende Erkältungsinfekte, Bluthochdruck, Schmerzen im Bewegungsapparat oder organische Erkrankungen auftreten.

Wie kann es so weit kommen? Die Antwort ist die emotionale Verschlackung, die überhandnimmt, bis der Organismus versagt. Ohne regelmäßige Läuterung und Klärung, ohne zeitweilige Stille des Geistes wird der Mensch »krank vor Sorge«, hat »Bauchweh vor Wut« oder »die Nase voll«. Dies sind einige Ausdrücke meiner Patienten, die die Zusammenhänge zwischen Gefühlen und Erkrankungen wörtlich aufzeigen.

Die Erklärung für die scheinbar unsichtbare Verbindung zwischen den Gefühlen und dem Körper liefern zwei Grundprinzipien des Lebens: das Prinzip der Feinstofflichkeit und der Ausdruck der Grobstofflichkeit.

Feinstofflichkeit ist die unsichtbare Lebensenergie, die alles Grobstoffliche durchdringt und alles Materielle hervorbringt, so auch den Körper. Gefühle sind feinstofflich, können sich aber auf grobstofflicher, körperlicher Ebene manifestieren und Beschwerden oder Erkrankungen verursachen. Es gibt allerdings Möglichkeiten, mit den Emotionen des Alltags sinnvoll umzugehen. Dieses Buch wird Ihnen als aufmerksamer Leserin und aufmerksamem Leser diesen Weg erläutern.

Das Bewusstwerden der Emotionen und die Anerkennung der Verbindung zwischen Gefühl und Körper sind die ersten Schritte hin zur Befreiung von jeglichem Druck. Die Seele braucht tägliche rituelle Momente, um die Gefühle des Tages zu integrieren und wieder loszulassen, denn ein Reinigungsprozess auf der feinstofflichen Ebene ist ebenso wichtig wie körperliche Hygiene. Mit den Texten in diesem Buch, den schönen Bildern und den zahlreichen Übungen zeige ich Ihnen einen Weg zur Vervollkommnung Ihrer seelischen und körperlichen Gesundheit. Die Seele braucht Stille.

Mit den besten Wünschen
Birgit Feliz Carrasco

Die Seele braucht Stille

Stille ist Balsam für die Seele

Ein momentanes Innehalten, einige Minuten der inneren Ruhe und des Durchatmens sind heilsam für jeden Menschen. Körper, Geist und Seele bilden eine Einheit, die meist vom übermächtigen Verstand verneint wird. Die Seele wird von der Hektik des Lebens absorbiert, und stille, gedankenfreie Momente sind ein rares Gut im Alltag. Es ist an der Zeit für eine bewusste Suche nach stiller Einkehr zwischen den handelnden Aktionen des Lebens.

Das Leben ist schnell und der Alltag hektisch. Der Wecker klingelt frühmorgens, unsere Augen sind noch geschlossen, und schon beschäftigt sich das Gehirn mit der To-do-Liste des Tages. So verhindert der Verstand besinnliche Gedanken, die den Menschen langsam in den Morgen gleiten lassen. Ein langer Tag beginnt und setzt sich mit stets ratternden Gedanken der vermeintlichen Pflichten, des unablässigen Tuns, Handelns und Denkens fort. Der Verstand gibt scheinbar erst Ruhe, wenn das Tagwerk vollbracht ist und der Körper erschöpft wieder in den Schlaf gleitet.

Alle Sinne werden täglich überreizt und das Gehirn kommt bei der Verarbeitung der Sinneswahrnehmungen kaum hinterher. Das Handy-Telefonat, die Musik im Hintergrund, der flackernde Bildschirm, die Finger auf den Tastaturen und Geruch von Kaffee und künstlichem Parfum sind allesamt Sinnesreize, die das Gehirn binnen Bruchteilen von Sekunden verarbeiten, deuten und verstehen muss – und dies dauerhaft und ohne Unterlass. Die einzige Möglichkeit für den Menschen, die Vorgänge und Wahrnehmungen des Tages in Aktion und Emotion zu verarbeiten, scheint die Zeit der Nachtruhe zu sein. Aber auch hier arbeitet das Nervensystem weiter und das Gehirn ersinnt mitunter wilde Träume, um das Erlebte zu verarbeiten. Und wenn der Träumende in der Nacht erwacht, sind die Ängste und Sorgen des Alltags sofort wieder präsent, und die erholsame

Schlafphase wird durch die Diktatur des Verstandes gestört.

Irgendwann führt die multiple Überforderung zu einem Zusammenbruch des Systems. Die Menschen von heute leiden nicht nur unter einem Mangelgebrauch des Körpers durch sitzende Arbeits- und Lebensweise, sondern auch an einer Überforderung der Ratio durch Sinnesüberflutung, Stress und Druck. Als Drittes krankt die westliche Welt an der Unterforderung der Seele, die sich kein Gehör mehr verschaffen kann. Diese Dreifachbelastung hat früher oder später tiefgreifende Folgen.

Aktuelle Studien und alte Traditionen

Nach neuesten neurologischen Forschungen läuft jeder, der nicht täglich etwas Zeit in Stille, allein und ohne Ablenkung zur geistigen Reinigung verbringt, Gefahr, psychisch oder physisch zu erkranken. Weltweite Studien haben erwiesen, dass tägliche Rituale wie Kontemplation, Meditation und ganzheitliche Systeme wie Yoga, Tai-Chi oder Qi-Gong Zivilisationskrankheiten wie Bluthochdruck, Spannungskopfschmerz, Reizmagen oder Nervosität vorbeugen. Viele Stresssymptome können unter einer zyklischen Praxis in kontemplativer Ruhe gemindert und gelindert werden. Inzwischen fördern die Krankenkassen diverse Kursangebote als Präventivmaßnahmen, da gegebenenfalls kostenintensive Krankheiten auf diese Weise verhindert werden können.

Ganz instinktiv werden sich derzeit immer mehr Menschen der Tatsache bewusst, dass sie mehr Ruhe in ihr Leben bringen und ihre Lebensweise entschleunigen sollten. Das Schlagwort »Work-Life-Balance« macht die Runde, das besser in dieser Reihenfolge »Lebens-Arbeits-Gleichgewicht« lauten sollte. Die Menschen beginnen, sich nach besinnlichen Momenten zu sehnen.

Früher waren stille Momente ein normaler Bestandteil des Alltags, wie beispielsweise beim Morgen- und Abendgebet. So anachronistisch dem modernen Macher und Hektiker von heute solche Riten auch erscheinen mögen, dienten sie doch neben der Ausübung einer Religion auch dazu, sich auf die Geschehnisse des

Tages einzustimmen und sich abends vom Erlebten wieder zu lösen. Im asiatischen Raum sind Momente der Stille und des Gebets ganz selbstverständlich gelebter Bestandteil des Alltags. Das gilt auch für dortige Manager. Ein ausgeglichener Seelenzustand braucht den Rückzug. So wie die Hülle des Körpers vor dem Schlafengehen gereinigt wird, ist es nötig, den Geist von den Erlebnissen des Tages zu reinigen. Der Schlaf wird auf diese Art ruhiger und erholsamer – der neue Morgen beginnt besinnlicher, der Tag verläuft gelassener. Körper und Geist werden in der Nacht geklärt und jeden Morgen neu geboren.

Die Diktatur des Verstandes

Heutzutage bestimmen äußere Zwänge, Vernunft und materieller Ehrgeiz die Aktionen unseres Alltags und damit gehen oft Emotionen wie Gehetztsein, Gereiztheit oder Aggressivität einher. Der Verstand diktiert die finanzielle Abhängigkeit vom Job, von der Bank, von der Versicherung. Der Verstand ist nie zufrieden mit dem, was ist, sondern will immer mehr und alles möglichst weit für die Zukunft absichern. Die Diktatur des Verstandes verhindert das Glücklichsein im jetzigen Moment. Das Jetzt ist ohne Verlangen, sondern reines Sein. Die

Als meine Augen alles gesehen hatten,
kehrten sie zurück
zur weißen Chrysantheme.

Isshō

Ratio gaukelt der gesamten Zivilisation vor, dass durch materielle Anhäufung alles in der Zukunft abgesichert ist. Wie die aktuellen wirtschaftlichen Ereignisse jedoch zeigen, gibt es keine Planungssicherheit – weder global noch individuell. Die Zukunft und das Leben können nicht abgesichert werden. Die Diktatur des Verstandes zeichnet auch verantwortlich für die aus der Illusion der Absicherung resultierenden Sorgen und Ängste der Menschen, die sich in unterschiedlichsten negativen Gefühlen von Übellaunigkeit, Neid oder Aggressivität auszudrücken vermögen. Es ist an der Zeit, sich der Diktatur des nimmer zufriedenen Verstandes und des daraus folgenden stillen Unglücklichseins bewusst zu werden, um Auswege zu suchen und zu finden. Die Seele wird durch materiellen Reichtum auf Erden nicht glücklicher, sondern sie verarmt.

Negative Gefühle können sich im Körper zu regelrechten feinstofflichen Blockaden entwickeln, und aufgestaute Angst, Sorgen, Ärger oder Wut werden so lange unterdrückt, bis es zu einer Explosion in Form von Streit oder schlimmstenfalls zu einer Erkrankung als

Vollmond im Herbst –
schattenhafter als Bäume und Gras
sind Menschenschatten.

Baishitsu

Ausdruck auf der grobstofflichen Ebene kommt. Der dicke Hals, also eine Halsentzündung, ist noch die harmlosere Erscheinungsform von emotionalen Zusammenballungen. Bei Autoimmunerkrankungen wendet sich beispielsweise das eigene Immunsystem gegen sich selbst – eine Aggression gegen den eigenen Körper. Körperlicher Druck auf der Brust und Angst äußern sich in Herzrhythmusstörungen, und Hauterkrankungen stehen in Verbindung mit dem Darm, in dem aller Frust tiefe Furchen frisst. Jeder Moment des Lebens ohne bewusste Empfindung vom tiefen Glück des Lebens ist verschwendete Lebenszeit – so sagen es die alten, weisen Philosophen.

Übertragung von Fremdenergie

Zum eigenen Frust kommen noch die Gefühle anderer Personen in der Umgebung, die sich von einem Menschen auf den anderen übertragen können. Schlechte Stimmung verbreitet sich schnell, und auf verbale Aggression folgt meist aggressive Verteidigung in Wort und manchmal auch Tat. Feinstoffliche Energie von bekannten oder auch fremden Menschen kann sich auf Zweite oder Dritte übertragen. Beispielsweise kann die Begegnung mit einem Busfahrer, den man höflich um Auskunft bittet, der jedoch schlechtgelaunt und mürrisch antwortet, die eigene Stimmung schlagartig verändern und unter Umständen weitere Fahrgäste damit anstecken. Aber auch gute Laune ist ansteckend und kann gezielt zum »Umprogrammieren« eingesetzt werden – das wirkt sogar bei Telefongesprächspartnern. Jeden Tag und jede Minute sind die Lebewesen der Erde von Energien durchdrungen und damit feinstofflichen Schwingungsfeldern ausgesetzt, die sich körperlich manifestieren können. In einem Raum mit schlechter Energie gedeihen Pflanzen nicht gut, z. B. in einem Besprechungsraum, in dem stets harte Diskussionen ausgefochten werden oder ängstliche Mitarbeiter sitzen. Pflanzen und Tiere reagieren meist unmittelbar auf die Schwingung der Umgebung, ebenso wie Kinder, die feinenergetisch sehr sensibel sind. Erwachsene haben aufgrund der Erziehung, rationaler Prägung und durch gesellschaftliche Umgangsformen verlernt, mit feinstofflichen Empfindungen konstruktiv umzugehen. Sie sind nicht mehr darauf vorbereitet, mit dem Bauchgefühl klar zu kommen und ihrer Intuition zu vertrauen. Wäre dies nach wie vor der Fall, könnte man sich leichter von negativen feinstofflichen Fremdenergien abgrenzen und die Launen anderer gar nicht an sich heranlassen. Unterdrückte oder nicht verarbeitete Emotionen (eigene oder übertragene) schwächen die Vitalität des Körpers, mindern das Leistungspensum und minimieren das Seelenleben. Die Seele ist der feinstoffliche Träger des Lebens im Körper – ihr sollte ebenso viel Aufmerksamkeit geschenkt werden wie dem Körper. Anderenfalls wird ein Drittel dessen, was einen Menschen ausmacht, ignoriert: Die Seele wird ignoriert.

Das Leben entschleunigen

Solange das Leben und der Alltag hektisch und ohne Achtsamkeit vollzogen werden, verfliegt die Lebenszeit im Nu. Kleine, gezielte Momente der Stille im Alltag entschleunigen das Leben und tragen zu wachsender physischer und psychischer Gesundheit bei. Fünf Minuten Unterbrechung des Tagwerks oder eine halbe Stunde der Besinnung am Morgen und am Abend sind heilsame Arzneien für die ignorierte Seele.

Die meisten Menschen haben mangels regelmäßiger Rituale verlernt, ihren Geist rein zu halten und die Gefühle der Seele zu beachten. Mit den zunehmenden Wirren des Lebens und durch die Anhäufung von nicht verarbeiteten Emotionen empfindet der Mensch das Leben immer mehr als belastend, ist verunsichert oder gar geängstigt. Stellt man sich den Menschen als ein gläsernes Gefäß mit trübem, schmutzigem und aufgewühltem Wasser vor, kommt dies der Vorstellung nahe, was die emotionale Flut im Inneren des Menschen täglich und über Jahre verursacht. Je unbewusster sich das Leben vollzieht, desto mehr verschlackt das Wasser als Sinnbild für die feinstoffliche Verschlackung des Individuums. Niemand würde freiwillig das trübe Wasser trinken oder es in sich behalten, wäre es mit den Augen sichtbar. In stillen, bewussten Momenten des Innehaltens kann das angesammelte Brackwasser entsorgt, abgelassen und durch frisches, klares, köstliches Wasser ersetzt werden – eine symbolische Reinigung der Seele (siehe Seite 82, Übung 1).

Emotionale und seelische Verschlackung kann am besten in ruhigen, reizarmen und gedankenfreien Ritualen erfolgen. Solche Momente der Stille erscheinen in der Geschwindigkeit des modernen Lebens wie ein kostbares Gut – ein Gut, das aber gar nichts kostet. Jeder hat die Möglichkeit, sich, wann und wo immer er möchte, bewusst eine mentale Auszeit zu nehmen und auf diese Art und Weise das eigene Leben zu entschleunigen. Eine Stunde täglich in harmonischer Stille, innerlich weit weg von der Gesellschaft, vom Chef, vom Partner oder von den Kindern ist der winzige Anteil von etwa vier Prozent eines 24-stündigen Tages im durchschnittlichen Leben von 80 Lebensjahren. Dieses »Zeitopfer« kann jeder für ein anhaltend gesundes, harmonisches und ganzheitliches Leben erübrigen.

Unser Wunsch nach Ganzheit

Fühlen Sie sich glücklich und zufrieden oder gehören Sie zu der wachsenden Zahl von Menschen, die im Innersten spüren, das ihnen etwas fehlt? Materieller Wohlstand, Familie und Job sind zweifelsohne kräftige Säulen im Leben, können aber auf Dauer eine spirituelle Lücke im Dasein nicht füllen. Dabei geht es weder um Religion noch um dogmatische Lehrsätze – es geht um die Ganzheitlichkeit des Lebens. Ein essenzieller Teil des irdischen Daseins fehlt, wenn die Seele im tiefsten Inneren nicht glücklich ist. Oft drückt sich das Fehlen der Ganzheit im diffusen Unglücklichsein aus, das zumeist mit »Was willst du denn eigentlich – du hast doch alles« beschrieben wird. Alles haben bezieht sich jedoch auf die äußere, materielle, grobstoffliche Welt, aber das fehlende Etwas ist in der Feinstofflichkeit zu suchen und daher nicht leicht zu erkennen und zu begreifen. Der Wunsch nach harmonischer Ganzheit entsteht durch spirituelle Entbehrung und muss als Erstes vom Unterbewussten ins Bewusstsein transformiert werden. Kein einfacher, aber sehr heilsamer Weg. Die Seele braucht Stille, um die Ganzheit des Daseins wiederzufinden und zu erleben und vom Tun des Alltags zum wahren Sein zurückzufinden.

Die Seele befreien

Die Seele durch Stille gesund machen

Dieser Ratgeber weist Ihnen den Weg, wie Sie Tun und Sein wieder in eine harmonische Balance bringen und die Seele über stille Momente befreien können. Pro Kapitel können Sie aktiv an spezifischen Reaktionsmustern besinnlich arbeiten und sich von den aufgestauten Gefühlsblockaden allmählich lösen. Für Ihre Arbeit in Stille zur Förderung der Gesundheit finden Sie folgende Elemente: kontemplative Übungen, Seelenbilder und Haikus

Element 1: Haiku

Haikus sind japanische Kurzlyrik: Gedichte in ihrer knappsten Form. Ebenso wie die Wohnungseinrichtung und die Gesten in der japanischen Kultur minimalistisch sind, drückt ein dreizeiliges Haiku mit wenigen Worten und lediglich über 17 Silben vollendet ein beobachtbares Geschehen oder ein sinnenhaftes Erleben des Augenblicks aus. Die Haiku-Dichtung stammt aus dem 16. und 17. Jahrhundert und wird bis heute nicht nur in Japan fortgeführt. Die dreizeiligen Verse dienen der Andacht, Kontemplation und Meditation wie vieles, was in asiatischen Traditionen der Zentrierung des Geistes und der Seelenreinigung dient. Haikus repräsentieren das, was im beschleunigten Alltag von heute fehlt: Momente der Reflexion, des bewussten Wahrnehmens und aufmerksamen Spürens von Gefühlen. Zu jedem Emotionsthema in diesem Buch finden Sie ein Haiku, das symbolisch für die Loslösung von einer emotionalen Blockade stehen soll und Sie liebevoll an Ihre innere Seele erinnern wird.

Element 2: Seelenbilder

Die Aufnahmen in diesem Buch stammen von der Fotografin Veronika Pinke. Ich habe die imposanten Bilder, die Stimmungen und Gefühle darstellen, sorgsam und passend zum jeweiligen Kapitelthema ausgewählt. Bilder werden nur mit den Augen wahrgenommen. Gefühle dagegen bestehen aus einem Zusammenspiel aller Sinne, Nervenbahnen und Organe plus der feinstofflichen Energie, die sie verursachen. So wie die Fotos den Betrachter in ihren Bann ziehen, können auch Emotionen übermächtig im Körper und in der Seele agieren. Die Fotos in diesem Buch helfen Ihnen, sich visuell Ihrer Gefühle bewusst zu werden, um über das Hilfsmittel Bild emotionale Blockaden zu lösen. Die Bilder bilden eine Brücke zwischen Seele und Außenwelt – sie stellen Seelenbilder der Gefühle dar.

Element 3: Kontemplative Übungen

Das dritte Element des Buches, mit dem Sie Ihrer Seele zu mehr Stille und Klärung verhelfen können, sind gezielte Übungen, die Sie möglichst regelmäßig vollziehen sollen.
Meine Texte werden Sie anleiten, sich Ihrer Emotionsblockaden bewusst zu werden, um sich dann von ihnen auf sanfte Art und Weise zu lösen. Sie dienen einem rituellen Rückzug, um der Seele in aller Stille Zeit zur Verarbeitung des Erlebten zu geben, das »emotionale Brackwasser« zu klären und es durch Reinheit zu ersetzen. Im Gegensatz zur Meditation ist die Kontemplation ein konzentriertes Auseinandersetzen mit einem Thema. Das lateinische Verb »contemplare« steht für anschauen oder betrachten, wogegen die vollendete Kunst der Meditation die Abwesenheit jeglicher Gedanken und Gefühle bedeutet. Hilfreich für kontemplative Übungen ist es, mit Bildern und Symbolen zu arbeiten, die spezifische Emotionen repräsentieren, und so die objektive Betrachtung von Gefühlen zu erleichtern.

Element 4: CD

Die CD ist das vierte Element für Ihre Seelenarbeit. Wir haben uns entschieden, nicht alle und auch nicht nur einzelne, ausgewählte Übungen auf der CD für Sie zur Verfügung zu stellen, sondern eine Visualisierung. Diese Übung ist die Essenz dieses Buches. Die mit Musik umrahmte und gesprochene Tiefentspannung ist eine meditative Körperreise, die Sie jederzeit und frei von Sorgen und Emotionen durchführen können, um Ihrer Seele die nötige Stille zu gönnen, die im Alltag zu kurz kommt.

Einen Tempel erschaffen

Wählen Sie sich einen Ort der Kontemplation, an dem Sie ungestört Ihre Seelenarbeit zelebrieren können. Die Atmosphäre können Sie durch naturreine ätherische Düfte und Kerzenlicht aufwerten. Lesen Sie pro Tag nur ein Kapitel mit einer Emotion, die sie gerade anspricht. Oder Sie arbeiten mit den Kapiteln in der vorgegebenen Reihenfolge für die Grundsanierung von feinstofflichen Emotionsblockaden. Wählen Sie eine sitzende, meditative Haltung. Lesen Sie den einleitenden Text, und sehen Sie sich das Foto im Buch ausführlicher an. Danach schließen Sie Ihre Augen und stellen sich die Aufnahme vor Ihrem inneren Auge vor. Spüren Sie, wo in Ihrem Körper das beschriebene Gefühl sitzt. Öffnen Sie die Augen, und lesen Sie sich die empfohlenen Übungen durch. Vollziehen Sie eine der Übungen pro Tag, bis sich die Emotion aus den Tiefen des Körpers gelöst hat und Sie sich befreit fühlen. Zum Abschluss Ihrer Kontemplation lesen Sie das zugeordnete Haiku und lassen sich davon den Tag hindurch begleiten und leiten.

Sogar mein Schatten
ist durch und durch gesund
an diesem Frühlingstag.

Issa

Allgemeine Anspannung

Auswege suchen

Wer kennt und fühlt die drei Schlagworte nicht, die das Leben und die Menschen in der westlichen Welt fast täglich beherrschen und prägen. Anspannung, Stress und Druck. Ob in der Berufswelt oder im Privatleben – es ist scheinbar schwierig, dem äußeren Druck zu entfliehen. Die Außenreize sind groß und die Zeit ist schnelllebiger. Aber wer wirklich einen Weg daraus sucht, wird ihn letztlich auch finden.

Stress ist ursprünglich ein Schutzmechanismus des Lebens auf äußere und lebensbedrohliche Reize. Ein angreifender Wolf beispielsweise stellte für unsere Vorfahren eine Bedrohung dar, bei der es galt, entweder zu kämpfen oder zu fliehen. Für beide Reaktionsmuster bedarf es der Mobilisierung aller körperlichen und geistigen Reserven, die durch die Ausschüttung hilfreicher Stresshormone bewerkstelligt wurde. Gehirn und Nervensystem laufen auf Hochtouren, die Muskeln werden angespannt, der Atem wird flacher und der Herzrhythmus schneller. Heutzutage treten »Wölfe« in Form von Budget- und Leistungsdruck auf oder gar personifiziert als Vorgesetzte und Kollegen, die Druck ausüben. Aber auch das schreiende Kind, das hupende Auto oder die Flut medialer Reize löst Stress im menschlichen Körper aus. Diese Reaktion ist gut und gesund, solange das Stressniveau Minuten später wieder heruntergefahren wird, nachdem die notwendige Reaktion erbracht wurde

Die heutige Realität sieht aber ganz anders aus. Anspannung und Druck sind an der Tagesordnung und Entspannungsphasen die Ausnahmen. Den wenigsten Menschen wird die Kaskade des Stresses bewusst sein, da körperliche und psychische Anspannung in der Welt von heute die Regel ist. Doch nicht nur am Arbeitsplatz wird Stress verbreitet, auch in der Freizeit steigt der Anspruch, stets aktiv und up to date zu sein. Es passiert nur zu oft, dass der Körper nach einem stressreichen Tag meist noch mehr unter Druck gesetzt wird, indem er im Sport aktiv sein muss, bis alles matt und müde ist, oder der Verstand wird durch TV oder andere Medien berieselt, bis die Sinne absolut nichts mehr aufnehmen können. Der Nachtschlaf ist anschließend die einzige Möglichkeit des Menschen für Regeneration und verläuft doch unruhig, da der Kopf voll ist mit den Bildern des Tages.

Momente der Erholung schaffen

Körper, Geist und Seele können sich nachts viel intensiver erholen, wenn tagsüber bereits schon einige Phasen des Stressabbaus durchlaufen wurden. Das permanente Leistungsniveau der Menschen ist heutzutage so hoch, dass der Körper gar nicht mehr dazu kommen kann, tief durchzuatmen, den Puls zu minimieren oder den hohen Stresshormonspiegel im Blut wieder abzubauen. Wie könnte man dagegen angehen? Die Befehle dazu müssen bewusst von außen kommen, um dem Körper mitzuteilen, dass er nun entspannt in eine Ruhephase gleiten kann. Eine Ruhephase, die nicht aus Schlaf, sondern aus einer erfrischenden Regeneration bei vollem Bewusstsein besteht.

Machen Sie sich klar, dass das Leben kein Notfall ist. Stellen Sie sich den Anforderungen des Alltags bewusst, aber lassen Sie sich von den Situationen nicht ängstigen, da sie nie so lebensbedrohlich sein können wie ein angreifender Wolf. Vollziehen Sie Ihre Aufgaben so konzentriert und gut. Zwischendurch und danach signalisieren Sie Ihrem Körper ganz deutlich, dass er nun wieder entspannen und durchatmen kann und Zeit hat, die Gefühle der Anspannung und des Drucks wieder loszulassen. Es ist wichtig, die Reaktionsmuster des Körpers regelmäßig zu durchbrechen und in stillen Momenten (die 15 Sekunden bis 15 Minuten oder länger sein können) zu regenerieren, um nicht dauerhaft im Stressmodus festzuhängen. Dieser Modus stellt Energiereserven zur Flucht oder zum Kampf zur Verfügung, indem er Substanz im Körper abbaut, was langfristig gesundheitsschädlich ist. Führen Sie die folgenden Übungen täglich einmal oder mehrfach aus.

Übung 1

Den Geist atmen lassen

- Lesen Sie das Haiku am Kapitelanfang. Dann schließen Sie die Augen, und richten Sie Ihre Aufmerksamkeit von außen nach innen.
- Machen Sie sich Ihren Körper bewusst, egal, wo Sie sich gerade befinden.
- Richten Sie Ihren Rücken auf (im Sitzen auf einem Stuhl, im Stehen, gehend oder in einer Meditationshaltung auf dem Boden sitzend).
- Spüren Sie, wie Ihr Atem über die Nasenlöcher ganz entspannt ein- und ausfließt.
- Nehmen Sie wahr, wie die Bauchdecke und der Brustkorb sich weiten beim Einatmen und langsam zusammenziehen beim Ausatmen.
- Spüren Sie für einige Sekunden oder Minuten, wie der Atemhauch durch Ihren Körper fließt.
- Vertiefen Sie bewusst Ihr Atemvolumen, und spüren Sie, wie ausatmend Druck und Anspannung vom Körper abfallen.
- Sagen Sie zu sich selbst: »Ich schenke mir einen Moment der Entspannung und Stille.«
- Spüren Sie die aufkommende Stille und Ihr ruhiger werdendes Gemüt ganz bewusst.
- Nach einiger Zeit, die Ihnen angemessen erscheint, vollziehen Sie die nächsten Übungen oder setzen Ihre anstehenden Aufgaben des Alltags fort.

Diese Übung dient dazu, geistig bewusst zu entspannen. Einige tiefe Atemzüge helfen akut in jeder Stresssituation. Wenn Sie die Übung regelmäßig praktizieren, können Sie dem Stress schon vorbeugend entgegenwirken.

Übung 2

Mit einer Körperreise entspannen

- Setzen Sie sich aufrecht hin, oder legen Sie sich in die Rückenlage.
- Besinnen Sie sich bewusst auf die Themen, die Ihnen im Moment oder an diesem Tag Druck und Spannung bereitet haben.
- Fühlen Sie, welche Muskeln Ihres Körpers bei diesen Gedanken unter Spannung sind.
- Atmen Sie tief durch die Nase ein und aus, und führen Sie gezielt in der fol-

genden Reihenfolge die Anspannung und Entspannung einzelner Körperpartien durch:

- Ziehen Sie Ihren rechten Fuß in Richtung Schienbein, nun atmen Sie tief ein und halten die Muskelspannung im Fuß, während Sie gleichzeitig Ihren Atemfluss stoppen.
- Jetzt lösen Sie ausatmend die Muskelspannung. Lassen Sie den Fuß locker fallen und lösen Sie sich von den Stressthemen des Tages mit einer bewussten Ausatmung.
- Nun spannen Sie einatmend die gesamte rechte Beinmuskulatur an. Halten Sie den Atem für einige Sekunden an.
- Ausatmend lösen Sie die Muskelanspannung und stellen sich vor, wie wieder ein Teil des Drucks aus Ihrem Körper entweicht.
- Jetzt konzentrieren Sie sich auf Ihren linken Fuß und verfahren wie mit dem rechten zuvor: anspannen, halten und loslassen.
- Anschließend spannen Sie das gesamte linke Bein an und lösen Ihre muskuläre und mentale Anspannung mit der Ausatmung.
- Auf Ihrer Körperreise gehen Sie nun mit Ihren Gedanken in den Beckenraum.
- Spannen Sie tief einatmend die Gesäß- und Beckenbodenmuskulatur an, halten Sie den Atem an und gleichzeitig die Muskelanspannung bewusst aufrecht.
- Lösen Sie die Muskelspannung des Beckenbereichs, und atmen Sie Anspannung und Stressgedanken bewusst aus.
- Atem Sie nun tief zum Bauch hin ein, und halten Sie dann den Atem an, während Sie die Bauchmuskeln fest anspannen und Ihren Bauchnabel nach innen ziehen.
- Mit der Ausatmung lockern Sie die Bauchmuskeln und lassen alle drückenden Gedanken los. Atmen Sie die Anspannung bewusst aus.
- Nehmen Sie gelassen ein- und ausatmend wahr, wie Füße, Beine, Becken und Bauchraum locker sind und von der Erde getragen werden.
- Konzentrieren Sie sich einatmend auf den Rücken, und spannen Sie die Rückenmuskeln mit angehaltenem Atem für mehrere Sekunden an.

- Ausatmend lassen Sie Ihren Rücken locker.
- Jetzt spannen Sie die Schultern bewusst an. Mit der nächsten Ausatmung lassen Sie Ihre Schulter fallen und zur Erde sinken.
- Spüren Sie, wie der Druck und der Stress regelrecht von Ihnen abfallen.
- Konzentrieren Sie sich nun auf die rechte Hand, und formen Sie sie einatmend zur Faust. Spannen Sie auch die rechten Armmuskeln an. Halten Sie Ihren Atem an.
- Ausatmend öffnen Sie die Hand und lösen bewusst die muskuläre und mentale Anspannung. Lassen Sie ganz wörtlich los.
- Verfahren Sie ebenso mit der linken Hand und dem linken Arm.
- Zum Schluss ziehen Sie noch den Kopf in Richtung Brustbein, spannen den Nacken und die Gesichtsmuskeln an. Ausatmend lassen Sie wieder den Kopf- und Gesichtsbereich locker.
- Nach dieser Körperreise atmen Sie noch einige Atemzüge ganz bewusst. Sie lassen das Gewicht Ihres Körpers von der Erde tragen, alle belastenden Gedanken atmen Sie einfach zum Himmel hin aus.

Diese Körperreise hilft, die Muskeln zu lockern und den Körperstress abzubauen. Sie dauert etwa fünf Minuten und kann tagsüber oder vor dem Schlafengehen ausgeführt werden.

Übung 3

Die Seele wandern lassen

- Suchen Sie sich ein meditatives Plätzchen. Schalten Sie die Telefone, Musik und anderen Medien ab.
- Versprühen Sie einen angenehmen, natürlichen Raumduft, oder zünden Sie sich eine Kerze an.
- Betrachten Sie das Foto dieses Kapitels in aller Ruhe und intensiv.
- Spüren Sie die Weite und Stille des Fotos, spüren Sie den Frieden der Landschaft.
- Atmen Sie tief und gleichmäßig ein und aus.
- Versetzen Sie sich in Ihrer Vorstellung in die im Foto abgebildete friedliche Landschaft.
- Spüren Sie die frische Abendluft und die grünen, blumigen Wiesen ringsum.
- Nehmen Sie meditierend Platz. Betrachten Sie den Weg, der vor Ihnen liegt, die Landschaft und den Himmel.

- Empfinden Sie sich als verbindendes Element zwischen Himmel und Erde.
- Lassen Sie Ihre Seele in dieser Landschaft frei umherschweifen.
- Alle Anspannung fällt von Ihnen ab und gleitet zur Erde.
- Spüren Sie, wie die Erde Sie trägt und Ihr Körper leicht wird.
- Frische Kraft erhalten Sie vom Himmel, und klare Gedanken stellen sich ein.
- Verweilen Sie meditierend im Gras, solange es Ihnen angenehm ist.
- Oder spazieren Sie in der Landschaft, bis sich deren Ruhe, Weite und vollkommene Gelassenheit auf Ihren Körper übertragen.
- Kehren Sie anschließend mit einigen kräftigen Atemzügen dorthin zurück, wo Sie sich real befinden, und spüren Sie der Wirkung dieser Seelenmeditation nach.

Die Wanderung in diesem Seelenbild hilft Ihnen, die Weite des Lebens wiederzufinden. Nach einiger Praxis genügt Ihnen ein kurzer Blick auf das Foto, um Gelassenheit zu spüren.

Still wird mein Gemüt,
wenn es tief im Wald
von den Bäumen tropft.

Izanami

Ärgerlich sein

Loslassen statt ärgern

Wie viel Zeit des Tages verbringen Sie mit Ärger? Wie oft regen Sie sich über etwas auf, was andere verbockt haben oder was Ihnen selbst misslungen ist? Es gibt wahrlich viele, zu viele Anlässe, um sich zu ärgern. Ärger ist eine Emotion, die den Menschen nur allzu oft begleitet. Ist das wirklich nötig? Zweifelhaft, denn Ärger bezieht sich immer auf etwas Vergangenes, das meist nicht mehr geändert werden kann.

Ärger ist ein weitverbreitetes Gefühlsphänomen und eine ausgesprochen menschliche Reaktion, die in der Tierwelt gänzlich unbekannt ist. Ärgerlich und nachtragend zu sein, ist eine Erfindung des menschlichen Großhirns, in dem die Ratio eine übermächtige Rolle spielt und der darin sitzende Verstand sich ohne Unterlass mit seinen Kommentaren Gehör verschafft: »So geht das doch nicht!«, »Das ist ja eine Unverschämtheit«, »Wie kann man/er/sie es nur wagen …« sind nur einige der Kommentare, die der Verstand ungefragt und ständig wertend abgibt – und schon breitet sich das Gefühl des Ärgers aus. Ärger über die rote Ampel, über die verpasste U-Bahn, über den Kollegen, der mit Bemerkungen nervt, oder über einen Kunden, der sich gerade frech in der Schlange an der Kasse an Ihnen vorbei vorgedrängelt hat.

Unter Umständen ist der empfundene Ärger berechtigt, aber die menschliche Ratio macht meist mehr daraus, als es ist, und bleibt an diesem Gefühl des Ärgers haften. Das Nachtragen und das Anhaften am Ärger sind die wirklichen Probleme beim Thema des Ärgerlichseins, da diese Emotion oft stunden-, tage- oder gar jahrelang nicht mehr losgelassen wird. Ein Beispiel: Zwei Enten bekämpfen sich kurz beim Zusammentreffen auf dem Wasser, schwimmen aber nach ausgefochtenem Kampf weiter ihres Wegs, ohne sich noch lange mit der »unverschämten« Attacke von eben aufzuhalten. Anhaften am Ärgerlichsein ist ein menschliches, aber gänzlich unnützes Verhalten, da die Emotion des Ärgers sich immer auf etwas bezieht, was bereits vergangen, also ohnehin unabänderlich ist. Wenn eine Vase heruntergefallen ist, macht Ärger über dieses Vorkommnis einfach keinen Sinn mehr, weil die Vase kaputt ist. Wenn der Mensch aber in dieser ärgerlichen Emotion verweilt, wird sich der Ärger im Körper aufstauen, anwachsen, und er wird entweder sich oder andere für diesen Vorfall verantwortlich machen, was aber die Tatsache der kaputten Vase nicht verändert. Solcher Ärger bedingt sich durch die Anhaftung an materiellem Besitz, der jedoch genauso vergänglich ist wie das Leben selbst.

Mit Ärger und Groll reflektiert umgehen

Früher oder später lässt man dann vom Ärger über die kaputte Vase los, aber der Ärger, den man über andere Personen (Kollegen, Partner, Familienmitglieder) empfindet, sitzt häufig tiefer und kann einen wahren Feuerhimmel des Ärgers im Inneren entfachen. Es ist daher sinnvoll, sich bewusst zu machen, worauf sich der Ärger mit Personen tatsächlich bezieht. Oft steht dahinter eine Gier nach materiellem Besitz oder Neid, aber auch einfach der Wunsch nach Anerkennung oder Gefühle, die nicht erwidert werden. Wenn ein Mensch einen anderen Standpunkt vertritt als man selbst, ist es sinnlos, Energie in Form von ärgerlichen Emotionen zu verschwenden. Der Standpunkt des anderen wird sich durch das Grollen nicht ändern, allein derjenige, der sich mit diesen Emotionen belastet, hat das eigentliche Problem. Wenn man sich ärgert, kann man keinen klaren Gedanken mehr fassen.

Was lässt sich dagegen tun? In den meisten Fällen wäre eine einmalige Klarstellung der Position ausreichend, ganz wie es die Enten im Beispiel auf dem Teich machen. Die eigene Meinung einmal kundtun, aber dann nicht nachtragend am Ärger festhalten, spart viel Zeit und Energie im Alltag. Heilsam für die Seele ist es ebenfalls, sich täglich bewusst von der materiellen Gier des Verstandes zu lösen und so dem Ärger über einen eventuellen Verlust vorzubeugen. Der Satz »Mensch, ärgere dich nicht« birgt viel Weisheit in sich.

Übung 1

Fliegen im Feuerhimmel

- Suchen Sie sich ein ruhiges Plätzchen, und betrachten Sie intensiv das Foto »Feuerhimmel« dieses Kapitels.
- Denken Sie an jemanden, gegen den Sie Groll hegen.
- Machen Sie sich beim Anblick des Fotos den brennenden Ärger in Ihrem Körper bewusst.
- Spüren Sie, wie Ihre Atemzüge kürzer und oberflächlicher werden.
- Beobachten Sie die Reaktionen Ihres Körpers bei der Emotion Ärger, und machen Sie sich bewusst, wie dieses Gefühl belastet.
- Wenn Sie sich Ihres Ärgers und Grolls geistig und auch körperlich ganz und gar bewusst sind, atmen Sie gezielt ganz tief ein und aus.
- Stellen Sie sich vor, Sie sind ein schöner Vogel mit buntem Gefieder und das Subjekt Ihres Ärgers ist ebenfalls ein Vogel.
- Sie stehen sich gegenüber und plustern sich auf, kreischen sich gegenseitig einen Moment lang an und schlagen heftig mit den Flügeln. Mit diesem Aufplustern sind die beiderseitigen Positionen ausgesprochen und klargestellt, alles Nötige wurde gesagt und gezeigt.
- Sie heben jetzt als Vogel vom Boden ab und fliegen nach oben. Sie lösen sich von der eben erlebten Situation.
- Sie fliegen in den Feuerhimmel, der wohlig und wärmend auf Sie wirkt.
- Betrachten Sie den Himmel und die Landschaft, während Sie zunehmend Distanz zur Erde gewinnen.
- Aus der Vogelperspektive betrachten Sie das Subjekt des Ärgernisses auf der Erde und nehmen es bewusst als etwas Vergangenes wahr.
- Der Vogel am Boden wird immer kleiner, unwichtiger und verschwindet schließlich ganz.
- Sie fühlen sich mit weiträumigen Flügelschlägen frei, leicht und unbelastet und schweben durch den Abendhimmel.

Mit dieser Übung können Sie einen aktuellen Groll oder länger zurückliegende Ärgernisse direkt verarbeiten, anstatt ihnen emotionalen Raum in Geist und Körper zu überlassen.

Übung 2
Wohnungsillusion

- Begeben Sie sich in eine meditative Haltung in oder noch besser außerhalb Ihrer Wohnung.
- Beobachten Sie Ihren Körper, und spüren Sie Ihren Atemfluss bewusst.
- Stellen Sie sich nun Ihren häuslichen Besitz vor. Gehen Sie im Geist durch Ihren Wohnraum, und fassen Sie Dinge an, die Ihnen lieb und ans Herz gewachsen sind.
- Spüren Sie die Materie aller Gegenstände unter Ihren Händen.
- Nach Ihrem Rundgang verlassen Sie in Ihrer Visualisierung die Wohnung und stecken den Schlüssel von außen in die Haus- oder Wohnungstür.
- Nun stellen Sie sich vor, wie sich beim Abschließen der Tür alles hinter der Tür Befindliche auflöst und verschwindet.
- Alle Gegenstände Ihrer Wohnung lösen sich blitzartig in Staubkörnchen auf, und jegliche materielle Form verfliegt in kleinste molekulare Teilchen.
- Ihr Wohnraum hinter der Tür ist nicht mehr vorhanden, und Materie, Raum und Zeit existieren nicht mehr.
- Sobald sich Ihr Wohnraum in Ihrer Vorstellung aufgelöst hat, konzentrieren Sie sich auf Ihren Körper und den Atemfluss.
- Spüren Sie das warme Licht des Lebens in Ihrem Körper, spüren Sie die Lebendigkeit.
- Vertiefen Sie Ihren Atemrhythmus langsam und bewusst, um die Feinstofflichkeit des Lebens wahrnehmen zu können.
- Verweilen Sie in der feinstofflichen Welt des Lebens, solange Sie wünschen. Sie fühlen sich frei und leicht, ohne Besitz.
- Öffnen Sie abschließend sanft Ihre Augen zur erneuten Sinneswahrnehmung der materiellen Welt.

Diese Visualisierung hilft Ihnen, sich von materiellen Anhaftungen zu lösen und möglichem Ärger über materiellen Verlust vorzubeugen.

Übung 3
Innere Fäuste lösen

- Spüren Sie sitzend oder liegend Ihren Körper von den Füßen bis zum Kopf.

- Nehmen Sie Ihre Haut als Körperhülle wahr, und machen Sie sich jeden Körperteil des Bewegungsapparates bewusst.
- Lassen Sie sich von der Erde tragen, und entspannen Sie bewusst Ihre Muskeln – besonders im Nacken- und Schulterbereich und der Gesäßmuskulatur.
- Atmen Sie intensiv ein und aus, und spüren Sie bewusst das Innere Ihres Körpers.
- Stellen Sie sich vor, wie die Atemluft über die Lungen in Ihren Körper gelangt und sich dort verteilt.
- Konzentrieren Sie sich auf die Vorgänge im Inneren des Körpers, und visualisieren Sie, wie alle Organe mit Sauerstoff versorgt werden.
- Nehmen Sie sich als atmenden Menschen und Körper wahr, und behalten Sie Ihre Aufmerksamkeit bei der Wahrnehmung des Körpers.
- Spüren Sie Ihren Herzschlag.
- Nun lenken Sie Ihre Gedanken auf ein Thema, über das Sie sich geärgert haben.
- Versuchen Sie wahrzunehmen, an welcher Stelle im Körper dieses Thema zu spüren ist.
- Spüren Sie, wie die Muskulatur Ihres Körpers langsam wieder fester wird und sich auch wieder anspannt.
- Nehmen Sie wahr, wie sich Ihr Herzschlag beschleunigt.
- Spüren Sie, wie sich der Groll wie eine Faust in der Magengegend (im oberen Bauchraum) eingräbt.
- Spüren Sie, wie Ihr Atemrhythmus unter den Gedanken des Ärgers flacher und schneller wird.
- Machen Sie sich die körperlichen Reaktionsmuster bewusst, und beobachten Sie die wachsende Anspannung unter der Vorstellung des Ärgers.
- Im gleichen Maß machen Sie sich bewusst, dass Ihr Ärger sich auf etwas Vergangenes und damit Unabänderliches bezieht.
- Der empfundene Ärger benötigt viel Energie und Kraft Ihres Körpers, um diese Emotion aufrechtzuerhalten – wie Ihre Körperreaktionen zeigen.
- Um sich von diesem Gefühl zu lösen, atmen Sie zunächst wieder bewusst ein und aus.
- Atmen Sie tief zum Bauchraum hin, und stellen Sie sich vor, wie sich ausatmend der Knoten im Bauch öffnet und löst.

- Lassen Sie mit dem Einatmen frische, unbelastete Energie zum Bauchraum hinfließen.
- Atmen Sie aus dem Bauch heraus aus, und lassen Sie den empfundenen Ärger ins Universum fließen.
- Atmen Sie so lange bewusst ein und aus, bis sich die Faust im Oberbauch gelöst hat.
- Entspannen Sie die Muskeln Ihrer Schultern, indem Sie mit Ihren Händen einatmend vorerst ganz feste Fäuste machen.
- Halten Sie den Atem für einige Momente an, und öffnen Sie ausatmend dann plötzlich die Fäuste.
- Sie strecken die Hände und Finger sanft und lassen alle Anspannung und allen Ärger über die Hände aus dem Körper herausfließen.
- Atmen Sie gelassen und gelöst ein und aus.

Die Anspannung der Fäuste und die Visualisierung der Auflösung können Sie so oft wiederholen, wie es nötig ist, um sich von einem Thema zu lösen. Arbeiten Sie jedoch bei dieser Übung immer nur mit einem Thema, und wiederholen Sie gegebenenfalls die Übung an einem anderen Tag mit weiteren Themen, die Sie beschäftigen.

An einem Abend im Herbst
ist es nicht leicht,
ein Mensch zu sein.

Issa

Müde und ausgepowert sein

Müde zu sein bedeutet nicht, alt zu sein

Der Satz »Ich bin zu alt für so etwas« wird leicht dahingesagt als schnelle Erklärung oder Entschuldigung für Situationen, in denen man nicht mehr richtig leistungsfähig ist oder sich überfordert fühlt. Aber ist es wirklich das körperliche Alter, oder ist es vielleicht doch ein allgemeines Erschöpft- oder Ausgepowertsein, das diese Aussage begründet? Manchmal mangelt es einfach an genügend Regeneration.

Mit der Selbstanalyse »Ich bin zu alt dafür« entsteht tatsächlich eine andere Energie im Körper und im Geist als mit der Feststellung »Ich bin jetzt zu müde dafür«. Mit der ersten Feststellung schiebt man sich unwiderruflich selbst auf das Altenteil und damit raus aus der vorherrschenden Gesellschaft, mit der zweiten Aussage gibt man jedoch den Wünschen des Organismus nach Regeneration nach, was eine natürliche und kurzzeitige Phase des biologischen Lebens ist. Entscheiden Sie künftig bewusst, welchen energetischen Weg Sie gehen wollen: Ausruhen für frische Energie und die Aufgaben später bewerkstelligen oder sich selbst um Tatkraft und Freude am Werk bringen durch selbsterzeugtes verbales Altern. Müdigkeit und Kraftlosigkeit können kurzzeitige Phänomene sein, die durch die Anforderungen des Alltags entstehen. Schleicht sich aber das Gefühl ein, permanent müde und abgespannt zu sein, können die verschiedensten Ursachen dafür die Auslöser sein.

Eine Möglichkeit ist beispielsweise, dass das Arbeits- und Anforderungspensum des Alltags über einen langen Zeitraum von mehreren Wochen oder Monaten zu hoch ist und die Regenerationsphasen zu kurz kommen. Eine ausreichende Stundenzahl an Schlaf und mindestens zwei zusammenhängende Tage der Entspannung pro Arbeitswoche sind ganz entscheidend für eine langfristige Gesundheit und Arbeitskrafterhaltung. Der Satz »Das mache ich schnell noch fertig« kann im Sinne der geistigen und körperlichen Vitalität durch »Das verschiebe ich auf morgen« ersetzt werden, vor allem dann, wenn Sie ohnehin schon müde und gestresst sind. Vitaminreiche Ernährung und entspannende Spaziergänge an frischer Luft werden Ihnen besser tun, als für den Chef noch schnell einen Job durchzupeitschen.

Energiefluss stärken und Energieräuber abwehren

Ein weiterer Grund für chronische Müdigkeit und Mattigkeit über längere Phasen kann im feinstofflichen Bereich des Lebens verborgen liegen. Die Basis des Lebens ist die feinstoffliche Energie, die alles Grobstoffliche durchwebt, so auch die Zellen, Organe und den gesamten Körper. Manche Menschen haben nicht ausreichend Zugang zu diesem uns alle umgebenden Meer der feinstofflichen Energie des Prana. Die Verbindungstüren zwischen dem Körper und der feinen Lebensenergie (Chakren) sind blockiert, und der belebende Fluss des Prana ist eingeschränkt. Tatsächlich sind es in der Regel emotionale Blockaden, die die Chakren als Energiepunkte des Körpers belasten und deren Funktionen einschränken. Ist dies an einigen oder mehreren Stellen im Körper der Fall, fließt die Lebensenergie nicht frei und ungehindert, und der Mensch fühlt sich auch ohne großes Leistungspensum müde und ausgepowert. Die nachfolgenden Übungen helfen, die feinstoffliche Energie in Ihrem Körper wieder fließen zu lassen.

Allerdings gibt es auch Menschen, die, weil sie selbst nicht genügend Energie haben, sich an die Energie anderer Personen andocken. Sie haben die Fähigkeit, die feinstoffliche Kraft anderer anzuzapfen. Beobachten Sie Ihr persönliches Umfeld kritisch, ob nicht ein oder mehrere Menschen mit Ihnen in Verbindung stehen, die sich unbewusst als Energiefresser betätigen und auf Ihre Kosten zu Leistungskraft und Vitalität gelangen. Es gibt Möglichkeiten, sich von solchen »Energievampiren« abzugrenzen, ohne ihnen vorwurfsvoll oder bösartig gegenüberzutreten. Meist wird der Energieklau nicht bewusst vollzogen, genauso wenig wie Ihnen selbst bewusst ist, dass Sie sich auspowern lassen.

Übung 1

Power durch Atmen

- Betrachten Sie das Landschaftsfoto, und stellen Sie sich an ein geöffnetes Fenster. Behalten Sie das Foto als Ausblick im Gedächtnis, es sei denn Sie blicken auf eine noch schönere Aussicht in Ihrer Umgebung.
- Stellen Sie Ihre Füße hüftbreit auf, so dass Sie einen stabilen Stand haben. Atmen Sie gründlich aus.
- Breiten Sie tief einatmend Ihre Arme in Schulterhöhe seitlich aus.
- Füllen Sie bei der Bewegung Ihren gesamten Brustkorb mit frischer Einatmungsluft.
- Halten Sie einen Moment die Atmung an, und spüren Sie die Weite, Größe und Kraft Ihres Körpers.
- Mit beginnender Ausatmung führen Sie die Arme wieder langsam nach vorne. Winkeln Sie weiter ausatmend Ihre Knie etwas an.
- Immer noch ausatmend beugen Sie den Oberkörper ein wenig nach vorne, und führen Sie die Arme zueinander, bis Sie sich selbst umarmen können.
- Pusten Sie alle alte und verbrauchte Energie mit der Ausatmung nach außen, bis Ihre Lungen scheinbar leer sind und der Bauchnabel tief ins Innere des Körpers eingezogen ist.
- Langsam und tief einatmend richten Sie den Körper wieder auf und breiten Ihre Arme wieder weit aus.
- Atmen Sie die frische Energie des Panoramas oder der Fotolandschaft ein, und schöpfen Sie Kraft aus der Natur.
- Wiederholen Sie die Bewegung mit intensiver Atmung mehrmals, bis Sie sich frisch und munter fühlen.

»Power durch Atmen« ist hilfreich bei kurzfristiger Müdigkeit und Konzentrationsschwäche. Die Übung kann jederzeit und überall – auch im Freien – ausgeführt werden.

Übung 2

Sieben-Chakren-Visualisierung

- Setzen Sie sich bequem, aber aufrecht hin, so dass Ihre Wirbelsäule gerade aufgerichtet ist.
- Konzentrieren Sie sich auf Ihr Steißbein am Ende der Wirbelsäule, und spüren Sie Ihren Beckenraum (Wurzel-Chakra).

- Atmen Sie bewusst in diesen unteren Bereich des Körpers.
- Stellen Sie sich einen tiefen Glocken- oder Klangschalenton vor, der im unteren Beckenraum zu vibrieren beginnt. Sie können auch versuchen, einen tiefen Ton zu summen.
- Mit der vorgestellten oder realen Vibration eines tiefen Tons bringen Sie Ihr Wurzel-Chakra in Schwingung und Harmonie und fördern damit eine verbesserte Energieaufnahme.
- Nach einer Zeit des Verweilens konzentrieren Sie sich anschließend auf den Bereich zwischen Becken und Nabel (Sakral-Chakra).
- Atmen Sie ruhig, aber bewusst ein und aus, und bringen Sie mit einem neuen, aber dennoch tiefen Glockenton die gesamte Beckenschale in Schwingung.
- Atmen Sie bewusst ein und aus.
- Das nächste Energietor ist das Nabel-Chakra, das zwischen Nabel und Brustkorb liegt.
- Beatmen Sie diesen Bereich ausführlich, und summen oder visualisieren Sie hier einen weiteren sonoren, möglichst etwas höheren Ton, der im oberen Bauchraum entsteht.
- Verweilen Sie gedanklich so lange, wie es nötig ist, um diese Körperregion energetisch zu klären und zu beleben.
- Anschließend konzentrieren Sie sich auf die Mitte des Brustraums (Herz-Chakra).
- Achten Sie weiterhin auf eine aufgerichtete Wirbelsäule.
- Atmen Sie zur Mitte des Brustbeins, und lassen Sie dort den Atem bewusst ein- und ausfließen.
- Spüren Sie, welcher Ton hier entstehen will, und tönen oder visualisieren Sie einen weiten, offenen Ton mit heilender Schwingung.
- Verweilen Sie so lange, wie es für Sie nötig ist, um die Herzregion energetisch von Blockaden zu reinigen und mit neuer Energie zu beleben.
- Danach konzentrieren Sie sich auf Ihren Kehlkopfbereich (Hals-Chakra).
- Lassen Sie Ihren Atem in Ihrer Vorstellung über den Hals ein- und ausfließen.
- Lösen Sie durch Atmung und das Ertönen eines hellen Tons die Blockaden in diesem Bereich, und öffnen Sie so Ihr Hals-Chakra für reine, feinstoffliche Energie.

- Anschließend konzentrieren Sie sich auf die Mitte der Stirn (Stirn-Chakra).
- Lassen Sie Ihren Atem gezielt dorthin fließen.
- Stellen Sie sich dabei genau vor, wie das Innere des Kopfes durch Ihre Atmung durchlüftet und leicht und locker wird.
- Visualisieren oder summen Sie den hellen, hohen Ton einer Glocke oder Klangschale, die die Schwingung des Kopfes harmonisiert.
- Das Kronen-Chakra ist in Höhe des Scheitels des Kopfes zu spüren.
- Stellen Sie sich vor, der Scheitel wird weit geöffnet, um die feinstoffliche Energie des Universums zu spüren.
- Lassen Sie helle, hohe Glockentöne dort schwingen, um Ihre Energiereinigung und Harmonisierung zu vollenden.
- Abschließend stellen Sie sich nun ein warmes und helles Licht vor, das Ihren Körper vom Scheitel-Chakra bis nach unten zum Wurzel-Chakra ganz sanft und anhaltend durchströmt.
- Lassen Sie das Licht, diese neue Energie durch den gesamten Körper in alle Regionen fließen und Ihnen neue Vitalität verleihen.

Unter Umständen lassen sich alte Blockaden in spezifischen Körperstellen nicht sofort auflösen. Tönen Sie mehrmals in den Chakra-Regionen, bis die feinstoffliche Energie frei fließen kann. Die Übung ist für ein tägliches, energetisches Reinigungsritual bestens geeignet, da sich Blockaden je nach den Geschehnissen des Tages neu aufbauen.

Übung 3

Kugel der Abgrenzung

- Gleich, ob Sie im Büro, im Auto, zu Hause oder am Telefon sitzen, machen Sie sich einen Moment lang Ihren Körper und Ihren Atem bewusst.
- Spüren Sie die Lebendigkeit innerhalb des Körpers, nehmen Sie die Energie und das Kribbeln im Inneren wahr.
- Wenn Sie das Gefühl haben, dass eine andere anwesende Person oder der Gesprächspartner am Telefon Ihnen in diesem Moment Energie raubt, unterbrechen Sie diesen Energieabzug durch Bewusstwerdung des Vorgangs.
- Lassen Sie mit der Ausatmung eine Glaskugel um sich herum entstehen.
- Das Glas ist bläulich gefärbt wie die

Landschaft des Fotos dieses Kapitels.

- Die Kugel umgibt Sie komplett und ist, auch wenn sie durchsichtig ist, undurchlässig für andere, mit denen Sie sich nicht energetisch austauschen möchten.
- Die Kugel ist Ihr individueller Schutz gegen Energiefresser.
- Visualisieren Sie, wie Ihre feinstoffliche und lebenswichtige Energie innerhalb dieser Glaskugel bleibt und Ihnen somit Abgrenzung, Kraft und Vitalität verleiht.
- Körper, Geist und Seele verweilen im Schutz der Kugel in Stille und Gelassenheit, auch wenn Sie weiter mit anderen Menschen sprechen.
- Mit der Glaskugel als Schutzhülle sind Sie weiter handlungsfähig, denn Sie allein entscheiden, wer näher an Ihren Energiemantel herantreten darf.

Wenn Sie müde und abgespannt sind, sollten Sie nie ohne diese schützende Glaskugel aus dem Haus gehen. Die Übung ist als kurzfristiges Mittel bei Diskussionen nützlich, ebenso aber auch als regelmäßige Visualisierung für eine generelle Abgrenzung hilfreich.

Die Glocke hat den Tag
hinausgeläutet. Der Duft
der Blüten läutet nach.

Bashō

Von außen bestimmt sein

Sich vom Marionettendasein lösen

Sich nicht frei fühlen und gänzlich von außen bestimmt zu sein, ist eine Emotion, die viele Menschen bewusst oder unbewusst in sich tragen. Ist dieses Gefühl von Unfreiheit nur ein Gefühl oder tatsächlich Realität? Wer oder was steuert uns und unser Leben, und warum ist unser Dasein scheinbar von Zeit zu Zeit so beschwerlich? Wir funktionieren ähnlich wie eine Maschine, anstatt zu leben und lebendig zu sein.

»Ich funktioniere nur noch, agiere wie eine Arbeiterin im Bienenvolk«, ist eine so oder so ähnlich gebrauchte Aussage von Menschen, deren Leben vermeintlich keinen Inhalt mehr hat außer Arbeit. Sie fühlen sich gefangen in Zwängen, Verpflichtungen und immer wiederkehrenden Kreisläufen zwischen Arbeitspensum und Ausruhen. Kreisläufe, aus denen es vermeintlich kein Ausbrechen gibt. Das Fotobild auf Seite 49 stellt dieses Lebensgefühl dar: Vom Wind hilflos wie eine Ähre auf dem Feld hin- und hergebogen zu werden, ohne die Möglichkeit, im Leben selbst die Richtung bestimmen zu können.

Aber können Sie wirklich nicht die Richtung bestimmen? Wer stellt denn die Regeln und Zwänge auf, in denen Sie sich befinden? In erster Linie entstehen die meisten Zwänge durch finanzielle Verpflichtungen, die sich die Menschen selbst auferlegen, weil sie z. B. nicht nur ein, sondern zwei Autos besitzen möchten, oder weil ein eigenes Haus gebaut werden soll. Diese Anhäufung von materiellem Besitz ist der größte Zwang, den Menschen sich auferlegen, damit sie ganz offenkundig als ein wertvolles Mitglied der Gesellschaft fungieren.

Das ist der Anfang: So beginnt nämlich die Spirale der Abhängigkeit und des Gefühls, von außen bestimmt zu sein. Denn, wer viel Besitz haben will, muss arbeiten, sich zeitlich verpflichten und in der Regel anderen tüchtig zuarbeiten. Die Spirale der Abhängigkeit bekommt auf diese Weise eine Eigendynamik, die von der Angst, beim Chef in Ungnade zu fallen oder den Arbeitsplatz zu verlieren, angetrieben wird. Die Gier nach einem dicken Bankkonto ist jedoch eine freie, persönliche Entscheidung und durchaus keine von außen auferlegte Pflicht zu einem ferngesteuerten Marionettendasein. Jeder Mensch entscheidet frei, was und wie viel er besitzen will. Eine neue, bescheidenere Orientierung weg vom zwanghaften Konsum ist daher der erste wichtige Schritt zur Selbstbefreiung und zur Befreiung von der Emotion eines Marionettendaseins.

Die Freiheit der Seele

Weitere gefühlte Unfreiheiten entstehen durch Partner, Familie, Zeitmessung und durch die Diktatur des Verstandes. Ist es wirklich nötig, zu einem weihnachtlichen Familientreffen zu gehen, auch wenn man gar keine Lust dazu hat? Ist es wichtig, ständig per Handy erreichbar zu sein und damit die ohnehin knappe Freizeit zu verkürzen? Ist es unumgänglich, sich permanent vom Verstand Pflichten aufbürden zu lassen, statt einfach einmal zu leben und zu meditieren? Jeder Mensch bestimmt selbst, wie er leben möchte, und niemand anderes und keinesfalls eine höhere Macht können für eine hektische Lebensführung verantwortlich gemacht werden. In dem Moment dieser Erkenntnis wird die Verantwortung der Lebenssituation wieder selbst übernommen, da jeder die Möglichkeit hat, Dinge und Umstände, die einen persönlichen Zwang bedeuten, zu ändern. Wer seiner Seele und seinem Bauchgefühl mehr Gehör verschafft, wird sich auch aus den Zwängen des Lebens befreien können. Der Sinn des Lebens ist es, die Seele auszubilden und mit Erfahrungen zu bereichern. Wer dies verweigert, weil er sich ausschließlich auf Äußerlichkeiten konzentriert, wird kein reiches, erfülltes Leben führen, ganz gleich, wie gefüllt das Bankkonto ist. Permanent gegen den Strom, gegen den Sinn des Lebens anzuschwimmen, ist zeitraubend und energiezehrend. Es ist jedoch ein erfüllendes, erhebendes und befreiendes Gefühl, mit der eigenen Seele in Kontakt zu treten und auf ihre Stimme zu hören. Die Seele ist die frohe Lerche, die uns alle beim Bestellen des Feldes des Lebens zwitschernd begleitet.

Übung 1

Verwurzelt in der Erde

- In den Momenten des Gefühls, wieder mal gänzlich von außen bestimmt zu sein, nehmen Sie sich eine Minute Zeit, sich selbst zu spüren.
- Stellen Sie Ihre Füße fest auf den Boden, und richten Sie Ihren Rücken und den Kopf auf.
- Atmen Sie dreimal tief ein und aus.
- Schauen Sie auf das Bild, und stellen Sie sich vor, eine der vielen Ähren auf dem Foto zu sein.
- Sie sind eine von zahllosen Ähren, die ein Teil eines unüberschaubaren Feldes ist, und das Feld ist wiederum eine winzige Region des Planeten Erde, der seines Zeichens nur ein mikroskopisches Partikel des unendlichen Universums ist.
- Spüren Sie, wie Sie als Ähre stark in der Erde verwurzelt sind. Ihre Füße sind fest mit dem Erdreich verbunden.
- Nehmen Sie den Wind des Kosmos wahr, der das Feld des Lebens und Ihren Körper als Ähre umspielt.
- Der Wind bewegt Sie nach links und rechts, beugt und biegt Sie, aber Sie bleiben fest verwurzelt in der Erde.
- Sie bewegen sich im Rhythmus des Lebens und bestimmen gleichzeitig selbst den Standort Ihres Lebens.
- In Verbindung mit der Erde bestimmen Sie über Ihre eigene Kraft und Ihr Wachstum im Leben, über die Größe und über die Früchte des Lebens.
- Sie sind ein Teil des Ganzen und doch ein selbstbestimmendes Individuum.
- Lösen Sie sich von den Zwängen, die Sie bedrücken, indem Sie sich und Ihre Mitmenschen als einen Teil des großen Feldes des Lebens wahrnehmen.
- Das große Ganze ist vielleicht nicht erkennbar, aber für Ihr Leben und die jetzige Situation haben Sie die Entscheidungskraft.
- Mit zunehmender Verwurzelung in der Erde ist es Ihnen möglich, selbst über die Richtung Ihres Lebens zu bestimmen.
- Beenden Sie Ihre Meditation tief atmend mit der Affirmation: »Ich allein entscheide über mein Leben.«

Wer nicht verwurzelt ist, den trägt der Wind davon, der fühlt sich von außen bestimmt. Die Übung stärkt die Urenergie in jedem, der Gefahr läuft, den Boden unter den Füßen zu verlieren.

Übung 2
Kraft-Mudra

- Wenn Sie sich mal wieder wie ferngesteuert oder wie eine Marionette fühlen, führen Sie für einige Momente der Besinnung eine kraftgebende und bestimmende Handhaltung aus.
- Setzen Sie sich bequem, aber aufrecht hin, spüren Sie Ihren Körper und wie er sicher von der Erde getragen wird. Straffen Sie selbstbewusst Ihre Schultern.
- Formen Sie mit Ihrer linken Hand eine Faust.
- Lassen Sie den Daumen der linken Hand aus der Faust nach oben ragen.
- Formen Sie nun mit der rechten Hand eine Faust, bei der aber der Daumen die Hand normal umschließt.
- Mit der rechten Faust umfassen Sie Ihren linken Daumen.
- Konzentrieren Sie Ihre mentale Kraft auf Ihre Hände und Arme.
- Atmen Sie kräftig ein und aus, und spüren Sie den Energiefluss im Inneren des Körpers.
- Nehmen Sie den energetischen Kreislauf zwischen der Erde und dem Inneren Ihres Körpers wahr.
- Lassen Sie die neu belebende Energie kraftvoll fließen.
- Machen Sie sich bewusst, dass nur Sie über Ihr Leben und Ihre Zeit bestimmen.
- Die Kraft in Ihren Händen ist die treibende Kraft Ihres Daseins.
- Lösen Sie die Handhaltung auf, atmen Sie nochmals bewusst tief ein und aus, und widmen Sie sich wieder der Außenwelt in dem Bewusstsein, dass Sie keine machtlose Marionette sind.

Mudras sind häufig praktizierte Handhaltungen aus der Lebenslehre des Yoga. Mudra bedeutet »Siegel«. Die Siegel helfen, feinstoffliche Energieflüsse im Körper zu verstärken und das Bewusstsein auf körperliche oder geistige Vorgänge zu konzentrieren sowie mentale Ziele zu erreichen.

Übung 3
Atemübung Wurzel-Chakra

- Diese Übung wird im Stehen ausgeführt und findet idealerweise an der frischen Luft oder am geöffneten Fenster statt.

- Stellen Sie Ihre Füße nun hüftbreit auf, und spüren Sie Ihre Verwurzelung über die Füße mit der Mutter Erde (das funktioniert am besten barfuß).
- Nehmen Sie den festen Boden unter Ihren Füßen bewusst wahr, und lassen Sie das Gewicht Ihres Körpers nach unten sinken.
- Atmen Sie stehend einige Atemzüge konzentriert ein und aus, und spüren Sie Ihr ausgiebiges Atemvolumen.
- Stellen Sie sich Ihre Beine als stabile Wurzeln vor, die fest mit der Erde verbunden sind.
- Ihr Beckenbereich ist nun im Mittelpunkt Ihrer Konzentration.
- Lassen Sie Ihre Einatmung bis zum tiefen Becken hinfließen.
- Ausatmend lassen Sie die Luft aus der Beckenregion über den Rumpf, die Lungen und Bronchien bis zur Nase hin aufsteigen.
- Spüren Sie, wie sich beim Einatmen Ihre Bauchdecke hebt und beim langen Ausatmen sich ins Körperinnere zurückzieht.
- Spüren Sie die Zwerchfellmuskeln in der Mitte des Oberkörpers, der die Atembewegung bewirkt.
- Jetzt atmen Sie tief ein und atmen anschließend stoßartig aus.
- Beim Ausatmen ziehen Sie Ihren Bauchnabel mit Hilfe des Zwerchfells und der Bauchmuskulatur ruckartig nach innen.
- Die Atmung fließt stets über die Nase ein und aus.
- Atmen Sie auf diese Weise achtmal ein und aus.
- Dann lassen Sie den Atem für eine Weile wieder normal ein- und ausfließen.
- Nun beziehen Sie das Wurzel-Chakra in die Atemübung mit ein, um Ihr selbstbestimmendes Urvertrauen zu stärken.
- Winkeln Sie Ihre Knie etwas an, und beugen Sie Ihren Oberkörper leicht nach vorne, so dass Sie sich mit den Händen auf den Oberschenkeln abstützen können.
- Spüren Sie, wie sich die Oberfläche Ihres Bauches, die Bauchdecke, sanft bei jedem Atemzug bewegt und wie sie mitschwingt.
- Spannen Sie Ihre Beckenbodenmuskulatur so fest an, als ob Sie den Urinfluss unterbrechen wollten.

- Mit angespannten Beckenbodenmuskeln beginnen Sie nun wieder, intensiv ein- und dann kräftig ruckartig auszuatmen.
- Wiederholung Sie die Atemübung mit gebeugtem Oberkörper zehnmal.
- Anschließend richten Sie Ihren Körper wieder auf, und spüren Sie mit geschlossenen Augen die aus dem Becken aufsteigende Wärme im Oberkörper.
- Stellen Sie sich vor, wie die Erde ihre Urenergie mit Ihnen teilt und Ihnen Kraft und Macht über Ihr Leben verleiht.
- Führen Sie die gesamte Atemübung mit vorgebeugtem Oberkörper noch zweimal mit jeweils zehn Atemstößen aus.
- Nehmen Sie sich Zeit, die Wirkung im Körper zu spüren, und grenzen Sie sich dabei mental von allen äußeren Zwängen ab.
- Entdecken Sie: Sie bestimmen über Ihr Leben.

Mit dieser Atemübung können Sie die feinstoffliche Energieaufnahme im Wurzel-Chakra fördern. Dieses Energietor am Ende unserer Wirbelsäule steht für Urkraft, Selbstvertrauen und Selbstbestimmung. Leider ist es oft aufgrund unserer statischen und sitzenden Lebensweise geschwächt.

Auch auf der kleinsten Insel
hat der Bauer im Feld
über sich seine Lerche.

Issa

Streit haben

Um unterschiedliche Standpunkte streiten

Wie wäre eine Welt ohne unterschiedliche und gegensätzliche Meinungen? Es gibt so viele Ansichten, wie es auch unterschiedliche Menschen gibt. Aus verschiedenen Standpunkten können neue Ideen und Kreationen wachsen, aber allzu oft werden die Auffassungen in aggressivem Streit und mit dem Anspruch des Absoluten vorgetragen. Es gibt keine absolute Wahrheit, sondern nur diverse Ansichten.

Niemand fühlt sich wohl, wenn er streitet. Weder der, der sich im Recht fühlt, noch der, der zu Unrecht beschuldigt wird und sich verteidigt. Und es gibt so unendlich viele Dinge, über die man sich streiten kann, aber nicht streiten muss: einen freien Parkplatz, geschäftliche Vereinbarungen, enttäuschte Gefühle, Eifersucht, politische Ansichten, Ölvorräte oder Bodenschätze anderer Länder.

Die Wiege vieler Streitereien ist der Neid, und die daraus resultierende Boshaftigkeit ist eine unheilsame Erfindung des menschlichen Verstandes. Solange es um das nackte Überleben, also um Nahrungssicherung geht, kämpfen auch Tiere untereinander nachvollziehbar um Beute. Aber warum gibt der Blick des Partners zu einer anderen Frau oder der dicke Porsche, der soeben den Parkplatz für meinen Smart weggeschnappt hat, Anlass zu Streit und Aggression? Es liegt immerhin im Bereich des Möglichen, dass der Blick zufällig oder die Parkabsicht in meiner Fahrweise nicht deutlich ersichtlich war. Gelassenheit und Freundlichkeit sind zwar seltene Reaktionsmuster, aber oft hilfreicher und zielgerichteter.

Der Mensch verfügt über weit ausgeprägtere Kommunikationsmöglichkeiten als Tiere. Im Tierreich gilt das Gesetz des Stärkeren, und leider agieren viele Menschen auch noch heute trotz 50.000 Jahren Menschheitsentwicklung wie zu Neandertalers Zeiten. Die meisten religiösen und spirituellen Ideale lehren Sanftmut,

Toleranz und Verständnis den Mitmenschen gegenüber, und die Frage ist, warum dies so wenige Zeitgenossen beherzigen – trotz aller religiösen Vielfalt.

Beim Streit geht es meistens um Besitzanspruch, also erneut um Ego und Verstand, die nimmersatt sind. Es gibt nur meinen Standpunkt, meinen Parkplatz, mein Territorium, ja sogar der Partner ist mein Eigentum. Und auch die Erde gehört der Menschheit, deswegen kann die Natur ganz nach Ego-Lust ausgebeutet werden. Ohne Zweifel würden solche anhaltenden Einstellungen auch in weiteren Jahrtausenden der Menschheitsentwicklung Streit, Krieg und Ausbeutung verursachen. Aber jede Person, die Momente der Stille und der Heilung sucht, wird erfahren, dass nichts niemandes Besitz ist und dass die Seele gar keinen Besitz braucht.

Aggressionen aktiv ignorieren

Es gibt genügend Optionen, seine Meinung ohne aggressiven und provokativen Unterton zu kommunizieren, denn beim Streiten spielt die Eskalation eine entscheidende Rolle für das Resultat. Ähnlich wie es Energiefresser gibt, gibt auch ausgesprochene Streitsucher, die sich provokant und gekonnt in Szene setzen, um das Spiel des Kampfes zu beginnen und zu gewinnen.

Machen Sie sich bewusst, dass Sie alleine entscheiden, ob Sie das Spiel mitspielen wollen oder nicht. Asiatische Kampfsportarten lehren als Erstes, dem Angriffspotenzial des Gegners aus dem Weg zu gehen und geschickt auszuweichen. Im übertragenen Sinne genügt eine sanfte Seitwärtsbewegung, um die aggressive Energie ins Nichts fließen zu lassen. »Du musst nicht kämpfen, um zu siegen«, ist nicht nur ein guter Buchtipp, sondern eine Weisheit, die man gut jeden Tag umsetzen kann.

Toleranz und Freundlichkeit führen oft weiter als Streit und Aggression, denn nach dem universellen Gesetz der Schwingung erzeugt Aggression weitere Aggression, und Freundlichkeit wird mit Freundlichkeit erwidert. So einfach ist das wahrhaftig. Probieren Sie es aus!

Übung 1
Neue Spielregeln

- Zum »Streit spielen« gehören zwei oder mehrere Personen. Wenn Sie sich entschlossen haben, an diesem Spiel künftig nicht mehr teilzunehmen, ist folgende Übung hilfreich.
- Schließen Sie Ihre Augen für einige Sekunden in einer akuten Situation oder in einem stillen, meditativen Moment für ungefähr zehn Minuten.
- Stellen Sie sich Ihren Gegner oder die Gegner in lustigen Sport-Outfits vor – dies hilft bereits, die Situation zu entschärfen.
- Ein Ballspiel findet statt.
- Die Bälle werden hin und her gespielt, wie es die Spielregeln festgelegt haben, und wer einen Gegner mit einem Ball trifft, hat gewonnen.
- Solange Sie mitspielen, wird der Kampf, der Streit ausgetragen, aber es liegt in Ihrer Hand, die Spielregeln zu ändern und auszusteigen.
- Stellen Sie sich vor Ihrem inneren Auge vor, den Ball, der Ihnen zugeworfen wird, nicht aufzufangen, sondern einfach zu Boden fallen zu lassen.
- Das Spiel wird wieder aufgenommen, und der Ball wird Ihnen wieder provozierend zugeworfen.
- Sie lassen den Ball und den damit verbundenen energetischen Schwung erneut im Nichts versickern.
- Ihre Mitstreiter werden verwundert sein.
- Praktizieren Sie das Nichtannehmen des Balls einige Male.
- Visualisieren Sie, wie Ihre Gegner alsbald keine Lust mehr auf das provokante Streitspiel haben.
- Sie haben sich innerlich entschieden, das Spiel nicht weiter mitzuspielen, stehen aber nach wie vor auf Ihrer Position.
- Spüren Sie, wie die aggressive Energie Ihrer Gegner verpufft, weil Sie diese nicht weiter mit Ihrer Gegenwehr nähren.
- Visualisieren Sie weiter, wie das Spiel friedlich und ohne Aggression beendet wird.
- Die Positionen sind deutlich gemacht worden, aber ohne Provokation.
- Öffnen Sie wieder die Augen, und betrachten Sie die Außenwelt mit Gelassenheit.
- Atmen Sie tief ein und aus.

Wer diese Spielregeln beherrscht, trachtet nicht danach, sich als Sieger zu fühlen und einen Sieg mit Kampf durchzusetzen. Wenn Sie nicht streiten möchten, entziehen Sie sich jeglicher Provokation, indem Sie einfach nicht mitspielen.

Übung 2

Harmonische Schwingung (mit Klangschale oder Klangschalen-CD)

- Um nach einem Streit nicht in dem energetischen Zustand der Aggression oder der Verletztheit zu verharren, ist es heilsam, die innere Schwingung zu harmonisieren.
- Halten Sie eine Klangschale oder eine CD mit Klangschalenmusik bereit.
- Begeben Sie sich vor dem Schlafengehen in eine meditative, sitzende Haltung.
- Konzentrieren Sie sich über die Wahrnehmung Ihrer unangestrengten Atmung auf Ihren Körper.
- Spüren Sie die Lebendigkeit im Inneren, und nehmen Sie Ihre Körperhülle bewusst von den Füßen bis zum Kopf wahr.
- Stellen Sie sich die Person vor, mit der Sie heute gestritten haben, die Sie verbal verletzt haben und die Sie ebenfalls verletzt hat.
- Lösen Sie sich durch aktives, bewusstes Ausatmen von Ihrem Schmerz.
- Atmen Sie alle aggressiven Gedanken sanft aus, weit hinaus in das Universum.
- Einatmend spüren Sie die Energie des Verzeihens und der Erleichterung.
- Spüren Sie mit jedem Atemzug wachsende Sanftmütigkeit.
- Bringen Sie sich unter Einbeziehung der Person, mit der Sie sich gestritten haben, in eine neue, harmonische Schwingung.
- Schlagen Sie Ihre Klangschale in der Hand haltend mehrfach sanft an und spüren Sie, wie der Klang sich vibrierend über Ihren Körper und andere Menschen ausbreitet.
- Wenn Sie mit einer CD arbeiten, stellen Sie sich vor, wie die Schwingung der Klangschalen Ihren und den Körper der anderen Person umspielt.
- Sie können jedoch auch ein sonores, langgezogenes O mit einem summenden M tönen und so das Mantra OM

als Schwingung über sich und andere Körper ausbreiten.
- Visualisieren Sie, wie Sie und der ehemalige Streitgegner von einem harmonischen Gleichklang umstreichelt werden.
- Verzeihen Sie sich und dem Partner bewusst, und verwandeln Sie die Streitenergie in harmonische Schwingung.

Mit Klangschalen oder Klangschalenmusik können Blockaden im Körper und in Räumen aufgelöst werden. Neue Schwingung und Harmonie entstehen durch die bewusste Übung des Verzeihens.

Übung 3

Die Farbe Lila

- Wenn Sie sich gestritten haben, lesen Sie das Haiku und betrachten Sie das Foto.
- Schließen Sie die Augen, und spüren Sie Ihren Körper in einem Moment der Stille.
- Lassen Sie allmählich von Ihren ärgerlichen Gedanken ab, und erlauben Sie Ihrer Seele, in dem Bild einfach spazieren zu gehen.
- Ihre Seele wandert durch das Blumenmeer aus lila Blüten.
- Sie nehmen den angenehmen Duft der Blüten wahr.
- Spüren Sie die Ruhe und Einsamkeit um sich herum.
- Atmen Sie tief ein und aus.
- Lehnen Sie Ihren Körper an die einsame Hütte, und machen Sie sich bewusst, dass Sie ein empfindsames Wesen mit tiefen Gefühlen sind.
- Aufkommende rationale Gedanken atmen Sie aus und versuchen, sich nur mit Ihrer Seele und Ihren Gefühlen zu befassen.
- Lassen Sie die Emotionen des Ärgers aus sich herausfließen und in der Weite des lila Blumenmeers vergehen.
- Atmen Sie aus der Tiefe Ihres Bauches alle Aggression aus, und führen Sie diese in den Kreislauf des Universums, in die Stille und Einsamkeit des Moments zurück.
- Lesen Sie ganz bewusst das Haiku von Seite 61: »Der Pflaumenblütenzweig gibt seinen Duft dem, der ihn brach.«
- Seien Sie sich im Andenken an diesen Satz bewusst, dass Sie verantwortlich dafür sind, ob Ihnen süßer Duft, Sanftmut und Liebe gewährt werden

oder ob Ihnen Aggression entgegenschlägt.

- Wenn Sie stets wahrhaftig sind und Liebe aussenden, wird Ihnen auch Liebe entgegenströmen.
- Visualisieren Sie, wie sich von Ihrem Energieort auf der lila Blumenwiese ausgehend, violettes Licht über Ihre Umgebung und über Ihre Mitmenschen ausbreitet.
- Lassen Sie so intensiv und so lange das violette Licht der Weisheit entspannt strömen, wie Sie möchten und wie es Ihnen guttut.
- Beenden Sie Ihren erholsamen Spaziergang in »der Farbe Lila«. Dazu machen Sie bewusst ein paar tiefe Atemzüge, spüren Sie den Raum um Sie herum, und kehren Sie jetzt Ihre Sinne wieder nach außen.

Diese Übung löst aggressive Blockaden nach Streitereien und reinigt Ihre feinstoffliche Energie im Körper. Beziehen Sie Menschen, die Ihnen lieb sind, in Ihre heilende Lichtmeditation der Farbe Lila mit ein. Violett ist die Farbe der spirituellen Weisheit.

Der Pflaumenblütenzweig
gibt seinen Duft
dem, der ihn brach.

Chiyo-ni

Ängstlich sein

Angst in Vertrauen verwandeln

Viele Menschen hegen diffuse Ängste in sich und vergraben und verdrängen diese furchtsamen Gefühle tief im Inneren. So erhält die Angst eine unkontrollierbare Macht und Eigendynamik, die eines Tages unbeherrschbar wird und das Dasein völlig bestimmen kann. In unserer Gesellschaft gilt: Wer Angst hat, ist feige. Es ist an der Zeit, dieses Vorurteil zu entkräften und Angst in Vertrauen zu verwandeln.

Ängste sind wie Schlangen, die leise durchs Gras schleichen, viele Formen, Farben und Gesichter haben, aber keine sichtbaren Spuren hinterlassen. Wer jedoch der Schlange der Angst einst tief in die Augen geschaut hat, wird sie nie vergessen.

Genau genommen gibt es nur eine begründete Angst, und das ist die Angst, das kostbare Leben zu verlieren. Aus dieser Grundangst resultieren die Angst vor Verletzung, die Angst vor Schmerzen und die Höhenangst, also die Angst zu fallen und auf diese Weise das Leben zu verlieren. Alle anderen Ängste sind laut Dr. Edward Bach, dem Begründer der Bachblütentherapie, Gebilde des menschlichen Geistes und Abwandlungen der einen Grundangst. Damit sei nicht gesagt, dass Ängste vor Gewalt, vor Repression, Angst vor Arbeitsplatzverlust, Angst um andere Menschen, Angst vor Spinnen oder viele andere diffuse Ängste nicht subjektiv real seien. Für die Menschen, die solche Ängste empfinden, sind sie gelebte Realität und durchaus beachtens- oder gar behandlungswert. Dennoch ist der Entstehungsweg von spezifischer Angst ein interessanter psychoanalytischer Prozess, der auf die Urangst vor dem Leben und auf die Urangst vor dem Verlust des Lebens zurückführt.

Objektiv betrachtet führt weder der Anblick einer Spinne noch der Verlust eines Arbeitsplatzes direkt zum Tod. Auch weitere Ängste wie vor Prüfungen, vor einem Gerichtstermin oder die Angst vor Auseinandersetzungen bergen kaum den Verlust des Lebens in sich. Es ist die Interpretation des Verstandes, der die Ängste schürt und aufbauscht, weil dieser weit vorauseilend die vermeintlich negativen Folgen aufzählt und damit die programmierten Muster der Erziehung oder der Gesellschaft heraufbeschwört. Sätze wie »eine Prüfung kann wiederholt werden« oder »eine Geldbuße kostet nicht das Leben« flüstert die heiße Stimme des Verstandes nie. Die Ratio liebt große und negative Szenarien, die ihr eine Existenzberechtigung verleihen, und sie liebt die ganz großen Gefühle der Angst und des Leids als anregendes Überlebenselixier.

Vertrauen als Gegenspieler der Angst

Macht man sich bewusst, dass Vertrauen und Mut die positiven Gegenstücke zur Angst sind, wird klar, woran es mangelt. Es sei nochmals betont, dass psychotische Ängste behandlungsbedürftig sind, aber mit den kleinen Ängsten des Alltags kann die Seele ganz gut umgehen, wenn es dem Menschen gelingt, den Verstand für einige Zeit auszuschalten. Vertrauen ist eine ebenso profunde Emotion, die aus dem Urinstinkt der Intuition geboren wird und sich damit diametral zum manchmal, aber eben nicht immer nützlichen Verstand positioniert. Wer Angst hat, tut gut daran, Vertrauen auf ein göttliches Prinzip wiederzuentdecken. Die Zeit ist reif dafür, denn nur allzu lange ist der Menschheit im Zeitenwandel der Moderne die Achtung vor der einzigartigen Schöpfung des Universums abhandengekommen. »Der Angst ins Auge schauen« ist eine hilfreiche Aufforderung, aber mit Verstand alleine können Ängste nicht geheilt werden. Mut und Vertrauen müssen aktiv gesucht werden, sie sind Balsam für die Seele.

Die Anwendung von Bachblüten ist bei Ängsten hilfreich – besonders Oak (Eiche) und Olive sind empfehlenswert, aber auch Mimulus (Gauklerblume) oder Aspen (Zitterpappel). Lassen Sie sich von Heilpraktikern beraten. Beginnen Sie, Ihre Angst in Vertrauen zu verwandeln. Dieses Zitat von Dr. Edward Bach (1886 bis 1936) soll Sie zur Suche motivieren: »Mit dem Mut und Vertrauen auf die innewohnende Göttlichkeit muss der Sieg all jenen zuteilwerden, die nicht ablassen, danach zu streben.«

Übung 1

Mein Freund, der Baum

- Nehmen Sie in einem stillen Moment Kontakt zu Ihrer Seele auf, und gönnen Sie sich eine Auszeit von rationalen Gedanken.
- Stimmen Sie sich auf einen realen oder virtuellen Spaziergang mit Hilfe des Fotos dieses Kapitels ein.
- Sie betreten einen wunderschönen Wald oder eine mit Bäumen bewachsene Wiese.
- Das Licht des Himmels ist warm und freundlich, und das Abendrot kündigt sich langsam an.
- Sie hören das Zwitschern der Vögel, das Summen der Bienen und das Plätschern von einem klaren Bach irgendwo in der Nähe.
- Sie atmen die frische, gereinigte Luft der Natur und füllen Ihre Lunge mit neuem Sauerstoff.
- Während Ihres realen oder virtuellen Spaziergangs suchen Sie sich einen besonderen Baum im Wald, auf der Wiese, oder Sie visualisieren während Ihrer Meditation einen Baum in der freien Natur.
- Suchen Sie sich einen mächtigen Baum mit kräftigem, gesundem Stamm und alten, tiefen Wurzeln im Erdreich.
- Gehen Sie auf den Baum zu, und umfassen Sie liebevoll den Baumstamm.
- Schließen Sie die Augen, und atmen Sie ruhig und gleichmäßig ein und aus.
- Spüren Sie die Kraft des Baumstammes unter Ihren Händen und Armen.
- Verbinden Sie sich mit der kraftvollen Energie des Baumes, und stellen Sie sich vor, wie tief die Wurzeln des Baumes hinein in die Erde ranken.
- Der Baum ist stark, weil er fest verwurzelt ist. Wind und Sturm, Kälte und Regen – das alles kann ihm nichts anhaben.
- Der Baum wächst mit der Kraft der Mutter Erde und streckt sich dem Himmel entgegen.
- Ihr Freund der Baum hat so viel Kraft und teilt seine Energie gerne mit Ihnen, so Sie sich dankbar an ihn wenden.
- Spüren Sie den Energiereichtum des Baumes unter Ihren Händen.
- Sie umarmen den Baum, und der Baum umarmt Sie wie ein liebevoller Freund.

- Setzen Sie sich nun zu Füßen des starken Baumes auf die Erde, und lehnen Sie Ihren Rücken an den starken Baumstamm.
- Spüren Sie die körperliche Verbindung zwischen Ihrem Rücken, Ihrer Wirbelsäule und dem Baumstamm. Lehnen Sie sich vertrauensvoll an.
- Teilen Sie im stillen Gespräch Ihrem Baum Ihre Ängste und Sorgen mit. Reden Sie sich alles von der Seele, was Sie bedrückt.
- Der Baum ist weise, hat viel Lebenserfahrung und trägt einen großen Schatz an Lebensweisheit in sich.
- Der Baum wird auf feinstoffliche Weise seine Lebensweisheit und sein Urvertrauen mit Ihnen teilen, wenn Sie darum bitten.
- Entwickeln Sie langsam und geduldig mit sich selbst Vertrauen in die Kraft des Baumes.
- Meditieren Sie über die Stärke und die Kraft des Baumes, und stellen Sie sich vor, Sie sind ebenso stark und kräftig wie ein Baum, unerschütterlich und erdverbunden.
- Lassen Sie die Urkraft des Baumes durch Ihren Rücken fließen – von der Erde über Ihr Wurzel-Chakra bis zum Scheitel des Kopfes.
- Stellen Sie sich warmes, rotes Licht als Energiefluss vor, und spüren Sie, wie Ihre innere Stärke mit Hilfe des Baumes wächst.
- Atmen Sie tief ein und aus.
- Bedanken Sie sich bei der Schöpfung für das Geschenk des Lebens und bei dem Baum für seine Hilfe.
- In dieser Demut und Achtsamkeit dem Leben gegenüber können Sie jederzeit wieder mit Ihren Gemütsbewegungen zu dem Baum zurückkehren und sich ihm anvertrauen. Jederzeit!
- Atmen Sie nochmals tief ein und aus, und richten Sie Ihre Sinne wieder auf die Außenwelt.
- Öffnen Sie Ihre Augen, und blicken Sie auf eine warme, wohlgesinnte Welt mit viel Mut und Kraft in Ihrem Herzen.

Kaum ein anderes Naturphänomen wie ein imposanter Baum vermag dem Menschen Kraft und Mut zu schenken und Sorgen und Ängste zu vertreiben.

Übung 2

Die mutige Heldin/der mutige Held

- Diese Position ist eine Übung des Hatha-Yoga und äußerst wirkungsvoll gegen Angst jeder Art bei regelmäßiger Ausführung.
- Sie nehmen die Position am besten real ein. Sie können aber die Haltung bei Bedarf auch visualisieren.
- Dehnen Sie sich vorab wie folgt etwas:
- Spüren Sie die Kraft der Atmung in Ihrem Körper, und füllen Sie den Brustkorb und Ihre Lungen mit frischem Sauerstoff.
- Ziehen Sie Schuhe und Socken aus, um die Erdverbundenheit besser zu spüren.
- Achten Sie auf einen rutschfesten Untergrund.
- Strecken Sie Ihre Arme in Richtung Himmel, und dehnen Sie tief atmend Ihren Körper.
- Beugen Sie anschließend Ihren Oberkörper mit leicht angewinkelten Knien nach vorne, und lassen Sie Ihre Arme, den Rücken und den Kopf locker zur Erde hin aushängen.
- In dieser Haltung atmen Sie tief zum Bauch hin – das lockert die Wirbelsäule.
- Mit angewinkelten Knien rollen Sie Ihren Oberkörper wieder auf. Der Rücken bleibt dabei rund, der Kopf hängt weiter locker nach unten. Aufrollen, bis Sie wieder in der Position des aufrechten Standes angekommen sind.
- Strecken Sie jetzt Ihre Arme in Schulterhöhe seitlich aus, und lassen Sie sie dann wieder sinken. Auf diese Weise sind Sie gut auf die folgende Position der Heldin/des Helden vorbereitet.
- Treten Sie nun mit Ihrem rechten Fuß einen Schritt weit nach hinten.
- Spüren Sie die Gewichtsverlagerung in der Beingrätsche, und stellen Sie den hinteren Fuß noch etwas weiter nach hinten.
- Der linke Fuß ist in Lauf- und Blickrichtung nach vorne ausgerichtet, der hintere rechte Fuß leicht nach außen abgewinkelt.
- Beugen Sie jetzt das linke Knie etwas nach vorne, und richten Sie es über dem Fuß aus.
- Ihr Becken sinkt langsam nach unten, aber Ihr Oberkörper neigt sich sanft rückwärts.
- Nun strecken Sie beide Arme in Brusthöhe nach vorne aus.

- Die Handinnenseiten zeigen zur Erde, und die Hände liegen im Kontakt nebeneinander. Atmen Sie tief ein.
- Ausatmend ziehen Sie den rechten Arm nach hinten, als ob Sie einen Bogen spannen würden, den linken Arm als Pfeil.
- Ihr hinterer, rechter Arm wird angewinkelt in Schulterhöhe gehalten (nicht die Schultern nach oben ziehen), und die rechte, gestreckte Hand wird voller Kraft in Nähe der Schulter positioniert.
- Ihr Blick ruht auf der linken, vorderen Hand, mit der Sie mutig ein Ziel anvisieren.
- Verweilen Sie mit regelmäßiger Atmung in der Haltung, solange es Ihnen guttut.
- Anschließend senken Sie die Arme, strecken das vordere Knie wieder, suchen die Balance und ziehen den rechten Fuß wieder nach vorne.
- Wiederholen Sie die Übung anschließend mit dem linken Bein hinten und dem rechten Arm als Pfeil.

Vermeiden Sie Aggression gegen Dinge oder Menschen bei der Ausführung, stellen Sie sich die Befreiung von Ihren Ängsten vor, und spüren Sie Mut und Kraft in Ihrem Körper.

Die Schlange glitt davon,
doch ihre Augen
blieben im Gras.

Kyoshi

Wut empfinden

Wut als Energiequelle nutzen

Wer so richtig wütend ist, sieht und hört nichts anderes und sinnt nur noch auf Rache. Wut ist ein Gefühl, das zweifelsohne alles verschlingen kann und bedauerlicherweise starke Macht über die Sinne eines Menschen hat. Wut und Fanatismus sind eng miteinander verbunden und bringen nur allzu oft vernichtende Gefahren mit sich. Aber Wut ist auch eine Energie, die verwandelt werden kann.

Die Kraft der Wut ist sicher die negativste und zerstörerischste, die sich in einem Menschen festsetzen kann. Das Empfinden von tiefer Wut entwickelt, wenn man nicht dagegensteuert, eine Dynamik, die sich bei jedem Gedanken und bei jedem Grübeln über den Anlass der Wut verstärkt statt abmildert. Wut kann mit der Zeit stärker statt schwächer werden und ist deswegen eine Emotion, die es, je früher, desto besser, wirklich bewusst zu verarbeiten gilt. Wut gärt unter Umständen noch jahrzehntelang und kann jederzeit wieder aufbrechen. Unverarbeitete Wut ist brisant – wie eine tickende Zeitbombe.

Konflikte zwischen Ländern und Religionsgruppen sind Beispiele für tief empfundene und in den Körpern von ganzen Generationen festgefressene Wut. Ob berechtigt oder nicht, zeigen Auseinandersetzungen wie im Nahen Osten, dass Liebe und Frieden nicht politisch aufoktroyiert oder diplomatisch verhandelt werden können, wenn die Menschen zutiefst anders empfinden. Unterdrückte, nicht aufgearbeitete Wut drückt sich durch Vorurteile, Neid sowie durch Hass aus und kann jederzeit explosionsartig und fulminant ausbrechen.

Aber auch kleinere Konflikte wie der Nachbar, der laut ist, oder der Partner, der die Zahnpastatube falsch ausdrückt, oder die Kollegin, die Vorgänge falsch ablegt, sind Anlässe zur Wut. Bei genauerer Betrachtung tritt im Zusammenhang mit Wut das Wort »falsch« häufig auf und dies bringt bei noch tieferer Betrachtung die Ursache vieler Konflikte zutage: Was ist falsch oder richtig? Wer definiert den Unterschied und wer hat das Recht, darüber zu urteilen? Welche Religion ist falsch oder richtig, oder was ist das einzig wahre Ablagesystem?

Kein Absolutheitsanspruch

Wut hat etwas damit zu tun, dass man anderen Menschen sein eigenes Muster aufprägen will, von dem man selbst absolut überzeugt ist. Aber was ist »absolut«? Wer lernt, von seinen Absolutheitsansprüchen loszulassen und toleranter zu werden, wird das Leben als viel, viel leichter erleben. Der Weg ins innere Licht, der spirituelle Weg der Suche nach der eigenen Seele ist ein Weg der Befreiung von Wut und Absolutheitsansprüchen, denn mit der Einkehr und dem Horchen nach innen stellt man schnell fest, dass es nichts Absolutes gibt. Bei aufkommender Wut ist es hilfreich, festzustellen, nicht wer, sondern was die Ursache der Wut ist. Unter objektiver Betrachtung des Was wird jeder Mensch schnell erkennen, dass mal wieder der Diktator Verstand die Regie über Geist und Körper übernommen hat und dass das Ego ein bestimmtes Was – koste es, was es wolle – durchsetzen will. Wenn Sie dies selbstkritisch analysieren und diagnostizieren, versuchen Sie am besten, einen Moment aus sich herauszutreten, bewusst loszulassen und tief zu atmen, bis hinunter in den Bauchraum. Und dann den Atem langsam wieder ausströmen lassen. Jeder Mensch verhält sich stets nach eigenem Ermessen, und Toleranz ist die angemessene Reaktion darauf. Ohne Wut als emotionale Reaktion würde unsere Welt alsbald eine friedliche und liebevolle sein.

Göttliche Kreativität

Die »Wut im Bauch« ist oft nichts anderes als der Hass gegen das Anderssein. Anderssein ist jedoch ein Ausdruck von Entwicklungs- und Veränderungsprozessen und zeugt von der Kreativität der Schöpfung. Kreativität ist wiederum eine göttliche Gnade für die Menschen, und wie könnte man auf göttliche Gnade ernsthaft wütend sein?

Übung 1

Wut verwehen lassen

- Spüren Sie Ihren Körper im Sitzen auf einem Stuhl oder in Meditationshaltung.
- Betrachten Sie das Bild dieses Kapitels intensiv, und schließen Sie anschließend die Augen.
- Sehen Sie vor Ihrem geistigen Auge die aufbäumenden und immer dunkler werdenden Wolken. Spüren Sie die Kraft und die Dynamik des Himmels.
- Spüren Sie den Wind, der hoch oben in den Sphären tobt.
- Nehmen Sie das strukturierte Feld, auf dem Sie stehen, wahr, und fühlen Sie den festen Kontakt zur Erde unter Ihren Füßen.
- Spüren Sie Ihren Atemrhythmus.
- Wenn Ihre Konzentration auf sich selbst gelingt und der Atem nach einer Weile ruhiger fließt, lenken Sie Ihre Gedanken wieder bewusst auf ein altes oder ein aktuelles Wutthema.
- Verfallen Sie nicht bewusst in das Muster der Aggressivität, sondern erspüren Sie, an welcher Stelle im Körper die Wut entsteht und innerlich brennt.
- Lassen Sie den Atem zu dieser Stelle im Körper fließen, atmen Sie in Ihrer Vorstellung über diese Körperregion sanft ein und lange aus.
- Atmen Sie konzentriert in die Wutregion, bis Sie spüren, wie die Körperstelle spürbar kühler und luftiger wird.
- Projizieren Sie nun ein Bild Ihrer Wut (das Thema, die Situation oder die Person) in eine der Wolken am Himmel hinein.
- Sie sehen das Abbild Ihrer Wut in der Wolke, die über Ihnen schwebt.
- Die Wolke ist groß und mächtig, wirft einen Schatten auf Sie und verhüllt die Sonne.
- Übertragen Sie Ihre Wut auf die Wolke so lange so intensiv, wie es Ihnen möglich ist, und möglichst vollständig.
- Stellen Sie sich nun vor, wie die Wolke das Wutthema allmählich umhüllt.
- Das Abbild Ihrer Wut wird langsam blasser, und die Wolke nimmt das Bild in sich auf und umhüllt es.
- Lassen Sie Wind entstehen, der durch die Wolke am Himmel weht.
- Spüren Sie den Wind, der Ihre große Wutwolke langsam in viele kleinere Wölkchen auflöst.

- Beobachten Sie vor Ihrem geistigen Auge, wie die Wolke und Ihre Wut sich weiter und weiter auflösen.
- Der Wind zerbläst die Wölkchen, die von dannen ziehen und schließlich im Nichts des Himmels verschwinden.
- Lassen Sie Ihre Wut in den Weiten des Himmels verwehen und als einen natürlichen Bestandteil in den beständigen Kreislauf des Universums zurückkehren.
- Stellen Sie sich vor, wie der Himmel über Ihnen sich allmählich aufklärt und erhellt.
- Der Himmel ist frei, und Sie fühlen sich befreit und leicht.
- Die Sonne scheint wieder, und Sie stehen auf einer sonnenbestrahlten Wiese im frischen, grünen Gras.
- Die dunklen Wolken und Ihre Wut sind verflogen.
- Spüren Sie einen heilenden, klärenden Wind im Körper und die wiedergefundene Gelassenheit im Geist.
- Öffnen Sie wieder sanft Ihre Augen, und spüren Sie die emotionale Befreiung bewusst.
- Danken Sie dem Universum für die Erlösung mit Hilfe dieser Übung.

Bei tiefgreifenden und alten Wutthemen empfiehlt es sich, diese Übungen über mehrere Tage oder Wochen öfter zu wiederholen, bis die spezifische Wut endgültig aufgelöst und verweht ist. Sind die Grundblockaden einmal gelöst, manifestiert sich neue Wut auch nicht mehr so massiv.

Übung 2

Wasserschlacht

- Wenn sich Ihre Wut auf eine bestimmte oder mehrere Personen bezieht, ist eine Visualisierung hilfreich, die empfundene Wut schnell loszuwerden, ohne die Betreffenden direkt verbal anzugreifen.
- Schließen Sie Ihre Augen für einige Sekunden, und spüren Sie Ihren Körper.
- Atmen Sie tief ein und aus, und nehmen Sie über die bewusste Wahrnehmung Ihres Körpers Kontakt zu Ihrer Seele auf.
- Fragen Sie sich selbst, ob Ihre Seele auch Wut empfindet oder ob es nur der Verstand ist, der diese Emotion diktiert.

- Bei den Gedanken an Ihr Wutthema und an die betreffenden Personen möchte Ihr Körper vermutlich aktiv sein und sich abreagieren.
- Stellen Sie sich einen Springbrunnen mit einem weit umlaufenden Becken mit flachem Wasser vor.
- Sie und Ihr »Wutgegner« stehen mit den Beinen in diesem Wasser.
- In Ihrer Vorstellung beginnen Sie, den Wutgegner mit Wasser zu bespritzen.
- Toben Sie sich aus, und bespritzen Sie sämtliche Wutobjekte mit vollem Schwung und kräftigen Armbewegungen, ganz wie es Ihnen guttut.
- Vollziehen Sie Ihre virtuelle persönliche Wasserschlacht so lange, bis Ihre Wut abgebaut ist.
- Anschließend ziehen Sie sich aus dem Brunnenbecken zurück und lassen Ihre Gegner nass und gebändigt hinter sich.
- Sie haben sich in Ihrer Vorstellung körperlich abreagiert und können nun von Ihrer Wut ablassen und idealerweise auch bewusst verzeihen.
- Lächeln Sie sich selbst und Ihren Wutobjekten offen, ehrlich und aus tiefstem Herzen zu.
- Spüren Sie wieder Ihren Körper durch bewusste Atmung, und öffnen Sie sanft Ihre Augen. Lächeln Sie weiter!

Diese Visualisierung können Sie auch verkürzt vollziehen, um sich blitzschnell abzureagieren: Stellen Sie sich vor, den oder die anderen mit einem Eimer Wasser zu überschütten. Lächeln Sie befreit nach dieser Aktion – das verleiht der Wut weniger Macht über Sie.

Übung 3

Dampfkessel-Atmung

- Die aktuell empfundene Wut im Bauchraum kann man auch relativ rasch durch bewusste Atmung lösen.
- In einem akuten Moment oder in meditativer Ruhe konzentrieren Sie sich intensiv auf Ihren Bauchraum.
- Beobachten Sie, wie die Bauchdecke sich während der Einatmung hebt und mit der Ausatmung senkt.
- Spüren Sie, wie die Wut Sie in dieser Körperregion blockiert, wie die Wut dort gärt und brodelt.
- Atmen Sie gründlich, tief und mit vollem Atemvolumen ein.
- Halten Sie den Atemrhythmus für einen Moment an, bevor Sie ausatmen.

- Formen Sie Ihre Lippen wie zur Aussprache eines »F«, und lassen Sie Ihren Atem langsam über die leicht geöffneten Lippen nach außen fließen.
- Atmen Sie so lange aus, bis Ihr Luftvolumen erschöpft ist.
- Nun atmen Sie wieder intensiv ein und halten im Atemrhythmus wieder inne, bevor Sie erneut über »F« ausatmen.
- Vollziehen Sie auf diese Art drei- bis fünfmal die Ausatmung.
- Stellen Sie sich dabei vor, wie ein Dampfkessel zu sein, aus dem über ein Ventil langsam Dampf abgelassen wird, bevor es zur Explosion kommen würde.
- Ihre Wut verdampft förmlich und wird mit Hilfe der Ausatmung nach außen abgeleitet.
- Machen Sie sich diesen Vorgang bewusst, und spüren Sie, wie die Wut im Bauchraum verdampft und alles leichter wird.
- Beenden Sie die Übung, wenn Sie genug Dampf abgelassen haben.

Lächeln Sie und nehmen Sie das Leben wieder gelassener, nachdem Sie mit Hilfe der Dampfkessel-Atmung ausreichend Druck und Wut abgelassen haben.

Beim Pflügen – die Wolke,
die sich nicht bewegen wollte,
ist verschwunden.

Buson

Tiefe Verletzungen heilen

Verletzungen als Chance für den Neubeginn

Oft ist es gar nicht möglich, die vielen Verletzungen, die man empfindet, konkret zu lokalisieren und zu benennen. Dennoch sind tiefliegende Wunden wesentliche Bestandteile des Lebens eines jeden Menschen, die durch aktuelle Ereignisse erneut aufgerissen werden können.
Es gilt, die Schleier des Nebels zu heben und die Verletzungen endgültig zu heilen, um daraus Neues erwachsen zu lassen.

Tiefe Verletzungen zu erleiden geht weit über die durchaus menschlichen Streitereien und Ärgernisse hinaus. Solche Wunden erschüttern die Grundfeste der Seele und damit sozusagen die Heimat des Menschen. Es kann sich dabei durchaus um psychische Wunden handeln, die in der Kindheit entstanden sind oder eventuell aus einem anderen Leben stammen und durch das universelle Gesetz des Karmas bedingt sind. Tiefe Verletzungen basieren auf Erfahrungen der Seele, die nicht im Bewusstsein verankert sind – sie sind nebulös, werden aber geweckt, wenn neue, oberflächliche Verletzungen hinzukommen. Beispielsweise sagt der Partner etwas Spezifisches in einer relativ harmlosen Auseinandersetzung, und die Psyche verknüpft augenblicklich mit den gesagten Worten alte, zurückliegende Erfahrungen, die noch nicht einmal bewusst sind. Unter Umständen wirken die Worte des Partners dann äußerst verletzend, was jedoch für niemand anderen nachzuvollziehen ist. Dennoch ist der aufgerissene Graben so tief, dass er unüberwindlich scheint. An dieser Stelle bedarf es der fachlichen Beratung oder großer spiritueller und karmischer Erfahrung, den wahren Ursachen der Verletzung auf die Schliche zu kommen.

Das Gesetz des Karmas ist ein universelles Gesetz, an dem – nach dem Glauben der Hindus und auch anderer Religionen – alle Fäden des Lebens innerhalb der Schöpfung aufgehängt sind. Das

Konzept besagt, dass stets ein feinenergetischer Ausgleich zwischen den Erfahrungen der Seele stattfindet und jede Seele, jeder Mensch für seine Taten und Handlungen verantwortlich ist.

Hilfreiche Prinzipien zur vollkommenen Heilung

Das Sanskritwort »Karma« bedeutet Tat oder Schritt. Übertragen bedeutet Karma, dass alle von einer Seele ausgesandte Energie zu ihr zurückkehrt, gleich den Wellen, die von einem Steinwurf in einen See verursacht werden und zum Werfenden an das Ufer zurückfließen. Das heißt, dass jeder, der beispielsweise einstmals in diesem oder vorangegangenen Leben psychische oder gar physische Verletzungen verursacht hat, solche auch wieder erfahren und erleiden wird. So wird das Prinzip des Karmas, das Gesetz des Ausgleichs, erfüllt.

Dies ist eine mögliche Erklärung, weshalb tiefe Verletzungen subjektiv und objektiv tief im Inneren der Psyche vergraben und nur schwer aufzulösen sind. Sigmund Freud und viele andere Psychotherapeuten haben sich viele kluge Gedanken zu diesem Thema gemacht. Es gibt aber ein weiteres universelles Gesetz, das beim Thema Verletzungen greift: das »Prinzip der Anziehung«. Wem es nicht gelingt, seine alten Wunden endgültig mit Liebe zu heilen, wird immer wieder Verletzungen ähnlicher Art anziehen, um immer wieder an das karmische Thema erinnert zu werden. Positiv ausgedrückt bedeutet das: Jede neu empfundene Verletzung ist die Chance, an alten Themen zu arbeiten und die Seele endgültig zu heilen.

Es gibt einige zeitgenössische Wege und Methoden, sich der alten, tiefen Verletzungen bewusst zu werden, wie z. B. Familienaufstellungen, Reinkarnationstherapie, Psychotherapie oder die allgemeine spirituelle Heilssuche. Ganz pragmatisch und hilfreich ist jedoch stets, sich seiner selbst und seiner Reaktionsmuster gewahr zu werden. Versuchen Sie, sich beim nächsten Anlass aus der agierenden oder reagierenden Rolle zu entfernen und eine Position des Beobachters einzunehmen. Fragen Sie sich möglichst objektiv: Was oder wer tut mir eigentlich im Moment weh? Bin ich es vielleicht selbst, die mich verletzt, um mich zu heilen?

Übung 1
Karmische Reinigung

- Nehmen Sie sich mindestens 15 Minuten Zeit, sorgen Sie für Ungestörtheit, und begeben Sie sich in eine meditative Haltung.
- Beobachten Sie Ihren Körper aufmerksam, und spüren Sie den Weg der Atmung bewusst.
- Spüren Sie die Hülle Ihres Körpers, und nehmen Sie die Haut als Oberfläche des Körpers wahr.
- Machen Sie sich auch das Innere Ihres Körpers bewusst, und spüren Sie die Vitalität unter der Hautoberfläche.
- Stellen Sie sich Ihren Körper als ein gläsernes Gefäß (wie eine Vase) vor.
- Das durchsichtige Gefäß Ihres Körpers enthält Flüssigkeit.
- In den Jahren Ihrer Existenz hat sich im Gefäß viel trübes Wasser angesammelt.
- Dieses trübe Wasser als Symbol für energetische Blockaden und alte Verletzungen werden Sie nun reinigen.
- Stellen Sie sich vor, wie das trübe Wasser über Ihre Füße und Ihren Beckenbereich langsam aus dem Körper fließt.
- Spüren Sie, wie das trübe Brackwasser aus Ihrem körperlichen Gefäß zur Erde abfließt und dort versickert.
- Die angestauten, trüben Energien werden von der Mutter Erde aufgenommen, geklärt und als Teil des Lebens an den Kreislauf des Universums zurückgeleitet.
- Das trübe Wasser fließt Tropfen für Tropfen aus dem Gefäß Ihres Körpers zur Erde ab.
- Lassen Sie die trübe Flüssigkeit so lange versickern, wie es nötig ist.
- Aus manchen Körperbereichen kann es unter Umstände eine Weile dauern, bis das graue Brackwasser absickert.
- Allmählich sinkt der Flüssigkeitsspiegel immer weiter ab, bis die Vase Ihres Körpers schließlich leer und transparent ist.
- Nehmen Sie die angenehme Leere im Körper wahr.
- Empfinden Sie die Erleichterung dieser Reinigung bewusst, und spüren Sie Ihren Körper als reines, durchsichtiges Gefäß.
- Atmen Sie tief ein und aus.
- Konzentrieren Sie sich nun ganz auf den oberen Bereich Ihres Körpergefäßes.

- Stellen Sie sich helles Licht vor, das vom hellblauen, warmen Himmel aus dem Universum auf Sie herunterscheint.
- Spüren Sie die Wärme der Lichtstrahlen, und lassen Sie das Licht in das Gefäß Ihres Körpers fließen.
- Lassen Sie die hellen Strahlen vom Kopf aus in das Gefäß Ihres Körpers gleiten.
- Die helle, warme Energie füllt nach und nach das Gefäß Ihres Körpers auf und bringt es zum Leuchten.
- Ihr Körper beginnt – erfüllt von reinem Licht – zu leuchten.
- Jede Körperregion ist gänzlich mit Licht erfüllt, und jede Pore Ihrer Haut lässt Licht vom Inneren des Gefäßes nach außen strahlen.
- Spüren Sie die neue Wärme, frische Energie und Vitalität in Ihrem Körper.
- Verweilen Sie bei diesem Bild, solange es Ihnen guttut.
- Lassen Sie das Licht vom Himmel in den Körper und wieder nach außen fließen, solange es Ihnen gefällt.
- Anschließend atmen Sie erneut bewusst tief ein und aus, um die Physis Ihres Körper wieder zu spüren.
- Kehren Sie Ihre Sinne nach außen, und nehmen Sie durch Hören, Riechen und Tasten Ihre Umgebung wieder wahr.
- Öffnen Sie langsam Ihre Augen.
- Stellen Sie sich auch mit geöffneten Augen Ihren Körper als großes Energiegefäß vor, das nun gereinigt und entschlackt mit neuem Licht des Lebens erfüllt ist.
- Danken Sie dem Universum für seine Hilfe.

Diese Meditation ist ein wirkungsvoller Weg, um eine Grundreinigung von Altlasten und tiefen Verletzungen durchzuführen und das Karma zu klären. Die Übung kann auch vorbeugend einmal wöchentlich, wie z. B. am Wochenende, wiederholt werden, um das innere Licht des Lebens nicht eintrüben zu lassen

Übung 2

Nebel-Meditation

- Schauen Sie sich das Foto der Nebellandschaft intensiv an.
- Schließen Sie anschließend die Augen, und spüren Sie Ihren Körper.

- Atmen Sie in Ihrer Vorstellung die kühle Luft der Landschaft im Nebel ein, und lösen Sie beim Ausatmen die Muskelspannung Ihres Körpers.
- Sitzen Sie ruhig und gelassen und spüren die Mitte Ihres Rumpfes.
- Verweilen Sie bewusst und konzentriert einige Zeit bei der Wahrnehmung Ihres Körpers und der Atemfunktion.
- Hüllen Sie sich dabei in Nebel, oder stellen Sie sich Ihren Körper innerlich voller Nebel vor.
- In diesem Nebel begeben Sie sich auf die Suche nach Ihrem individuellen und aktuellen Verletzungsthema.
- Lenken Sie Ihre Gedanken auf das Thema, das Ihnen psychische Schmerzen bereitet, oder auf die Person, die Sie seelisch verletzt hat.
- Ergründen Sie, welchen Akt, welche Tat Sie exakt als verletzend empfinden.
- Ordnen Sie Ihrer emotionalen Verletzung einen Begriff zu: Fühlen Sie sich missverstanden, unterdrückt, zurückgesetzt, ausgenutzt, ungeliebt oder Ähnliches? Versuchen Sie den Grund Ihrer gefühlten Verletzung möglichst konkret im Geist zu benennen.
- Trennen Sie bewusst die betitelte Verletzung von der Person, die sie Ihnen zugefügt hat, d. h., trennen Sie Person und Empfindung.
- Versuchen Sie das Thema Ihrer Verletzung möglichst objektiv und aus einer gewissen Distanz zu betrachten.
- Sind es vielleicht Sie selbst, die sich immer wieder unterdrücken lässt, sich selbst nicht liebt, sich ausnutzen lässt oder Ähnliches?
- Versuchen Sie, das Thema bei sich selbst zu lösen, aus dem Nebel zu befreien und von den gefühlten Verletzungen bewusst loszulassen.
- Fragen Sie sich, welches Problem Sie jetzt in diesem Moment, jetzt in dieser Sekunde der Meditation haben.
- Keines?
- Fühlen Sie Ihre Seele, Ihre Ganzheit, spüren Sie sich heil und liebevoll, und lösen Sie sich von Ihren inneren Verletzungen.
- Lassen Sie los.
- Stellen Sie sich vor, wie der Nebel sich auflöst und die Luft wieder klar und rein wird.
- Atmen Sie tief ein, öffnen Sie Ihre Augen wieder, und seien Sie selbstbewusst und heil.

Versuchen Sie, mit dieser Meditation den wahren Grund Ihrer Verletzungsemotion zu entdecken. Die beständige Meditations- und Reflexionspraxis ist auf jeden Fall immer empfehlenswerter, als anderen stets die Verantwortung für seelische Verletzungen aufzubürden.

Übung 3

Die schützende Mauer

- Bei aufkommenden Emotionen wie sich angegriffen, beleidigt oder verletzt fühlen, ist die folgende kurze Visualisierung hilfreich.
- Lassen Sie blitzschnell eine Mauer zwischen sich und den anderen Protagonisten entstehen.
- Die Mauer ist unsichtbar, jedoch stabil und so dick und so hoch, wie Sie es zu Ihrem Schutz benötigen.
- Mit etwas Übung können Sie diese schützende Mauer blitzschnell aufbauen und immer wieder visualisieren.
- Verstärken Sie die Wirkung der Mauer mit der stillen Affirmation: »Ich bin unangreifbar und unverwundbar!«

»Die schützende Mauer« ist eine schnelle und wirkungsvolle Hilfe für die Seele bei akuter Verletzungsgefahr.

Wie der Nebel sie auch verklärt – meine Heimat sieht erbärmlich aus.

Issa

Trauer empfinden

Die Tränen der Trauer reinigen die Seele

In asiatischen Ländern ist eine Trauerzeit von drei bis vier Jahren üblich – hierzulande wird von Hinterbliebenen erwartet, nach einigen Tagen oder Wochen wieder voll einsatzfähig zu sein und normal zu funktionieren. »Das Leben geht weiter« ist vielleicht ein gutgemeinter Trost, aber oft auch als Aufforderung gedacht, die Trauer hinter sich zu lassen oder gar zu unterdrücken. Sie entscheiden, wie weit Sie sind!

Es gibt wohl kaum eine Emotion, die so unterschiedlich und so individuell erlebt wird, wie die Trauer um den Tod eines lieben Menschen. Trauer empfindet man letztlich ein Leben lang, und man kann die Trauer nicht einfach hinter sich lassen – dies wäre eine schädliche Unterdrückung der Gefühle. Denn aus der Tiefe des Herzens trauert man nur um Menschen, mit denen man in echter Liebe verbunden war.

Liebe ist allerdings kein zwangsläufig bindendes Gefühl nur unter Familienmitgliedern oder Partnern. Eine empfundene emotionale Bindung an ein Haustier kann beispielsweise genauso stark sein wie die Emotion zu einem Elternteil, einem Lehrmeister oder einer Freundin. Liebe und Trauer sind eng miteinander verknüpft, jedoch wird Liebe sehr, sehr oft mit Abhängigkeit und Nicht-alleinsein-Wollen verwechselt. So mag Trauer möglicherweise gefärbt sein von Verlustangst, anstatt getränkt zu sein von wahrer, universeller und unabhängiger Liebe.

Wer die Emotion der Liebe in ihrem wahren Glanz und ihrer Unabhängigkeit erfahren und gelebt hat, wer die Liebe als Freiheit anstatt als Bindung des Anspruchs und der Zugehörigkeit erfahren hat, wird auch in der Zeit der Trauer leichter von der körperlichen Bindung an den Verstorbenen loslassen können. Das weise Lebensprinzip der Feinstofflichkeit kommt beim Thema Trauer wieder zum Vorschein, denn mit dem körperlichen

Tod geht nur die grobstoffliche Materie verloren, jedoch nicht die feinenergetische Bindung an einen geliebten Menschen – denn Liebe ist nicht vergänglich, sondern nur die körperliche Hülle des Geliebten.

Materie loslassen – Feinstoffliches spüren

»Sterben ist wie Umziehen in ein anderes Haus«, hat die bekannte Sterbeforscherin Elisabeth Kübler-Ross formuliert, und sie weiß aufgrund ihrer intensiven Arbeit mit Sterbenden, wovon sie spricht. Der Satz drückt in unserer materiell geprägten Sprache aus, dass der körperliche Tod der Übergang in eine andere, neue Lebensphase ist. Die nicht grobstoffliche Welt, aus der die Seelen aller Lebewesen kommen und in die sie wieder nach dem körperlichen Tod eintreten, ist für die meisten Menschen eine unfassbare Welt. Eine Lebensspanne geprägt durch Materie, Geld und Besitz lässt in der modernen Zeit wenig Raum für die Vorstellung von etwas Feinstofflichem, Energetischem und Unsterblichem. Religionen bieten auch keine erschöpfenden Antworten, und dem immer aktiven Geist wird kaum Zeit gegönnt, die Tiefe des Lebens im grob- und feinstofflichen Ausdruck zu ergründen. Die Seele braucht Stille zum Verstehen des Lebens. Ohne ausreichende Besinnung und Spiritualität innerhalb einer Lebensspanne entstehen profunde Ängste über den eigenen Tod und tiefe Trauer über den Tod geliebter Menschen. Unsere materiell geprägte Welt versucht, durch Anhäufung von Besitz und Macht das Leben zu erhalten oder gar das Leben mit dem Abschluss einer teuren Lebensversicherung zu binden. Jedoch kann man sich weder gegen das Leben noch den körperlichen Tod absichern.

Das Leben und der körperliche Tod sind Bestandteile des Lebens, ebenso wie die Blätter der Bäume im Herbst zur Erde fallen und sich in Humus verwandeln, um dem Baum im Frühling Kraft für das Erschaffen neuer Blätter zu geben. Im Angesicht des eigenen Todes beginnt der menschliche Geist erst, sich wieder an das Grundwissen der Seelen zu erinnern. Warum sich also nicht schon zu Lebzeiten auf die Suche nach feinstofflichen Antworten machen?

Übung 1

Herz-Chakra-Meditation

- Begeben Sie sich in eine entspannte, meditative Haltung, um sich auf Ihr Innerstes und Ihre Gefühle zu konzentrieren.
- Lassen Sie die Atmung bewusst und frei fließen, und spüren Sie dabei die wohltuende Wirkung des tiefen Atmens.
- Spüren Sie, wie der Brustkorb sich im Atemrhythmus hebt und senkt.
- Legen Sie mit geschlossenen Augen Ihren Zeige- und Mittelfinger einer Hand auf den Beginn des Brustbeins unterhalb des Halses.
- Führen Sie langsam die Finger mit leichtem Druck auf den Körper das Brustbein entlang nach unten in Richtung Bauch.
- In der Brustmitte werden Sie einen Punkt treffen, der empfindlich auf den Druck Ihrer Finger reagiert.
- Verweilen Sie dort und massieren oder beklopfen Sie diesen Punkt (er ist das Zentrum des Herz-Chakras) sanft mit Hilfe Ihrer Finger.
- Spüren Sie die entstehende Wärme in der Region.
- Senken Sie Ihre Hand, und visualisieren Sie rosa Licht an dieser Stelle in der Brustmitte. Wenn Sie weinen möchten, weil Sie sich in Trauer befinden, lassen Sie die Tränen fließen.
- Visualisieren Sie, wie die Tränen und das warme Licht die Herzregion entlasten und die feinstoffliche Lebensenergie des Prana sich dort entfalten kann.
- Atmen Sie tief ein und aus.
- Denken Sie an den Menschen, um den Sie trauern.
- Lenken Sie Ihr Licht der Liebe mit Ihrer Ausatmung zu dem Verstorbenen.
- Stellen Sie sich vor, wie das fließende rosa Licht Ihres Herz-Chakras den Menschen umhüllt.
- Das rosa Licht symbolisiert Ihre Liebe, die Sie mit dem Verstorbenen bisher teilten, jetzt teilen und immer teilen werden.
- Wünschen Sie dem Menschen, um den Sie trauern, Licht und Erleuchtung bei seiner Passage in eine andere Daseinsform.
- Lassen Sie den Menschen weiterziehen, und seien Sie sich bewusst, dass die feinstoffliche Verbindung Ihrer

beider Seelen unvergänglich und unzerstörbar ist.
- Führen Sie diese Meditation im aktuellen Trauerfall mehrfach täglich aus, solange sie für Sie wichtig ist.

Naturreines Lavendel- oder Rosenöl, auf dem Herz-Chakra-Punkt aufgetragen, ist heilsamer Balsam für die trauernde Seele. Ein Amazonit-Stein oder eine Amazonit-Scheibe als Kettenanhänger in Herzhöhe getragen, hilft bei der Bewältigung der Trauer.

Übung 2

Die eigene Vergänglichkeit üben

- Ziehen Sie sich zu einer Zeit der Ruhe und Abgeschiedenheit zurück.
- Für die folgende Visualisierung legen Sie sich auf eine weiche Decke auf dem Boden, Arme und Beine leicht gegrätscht.
- Spüren Sie Ihren Körper, und beobachten Sie den Atemfluss.
- Machen Sie sich die Vitalität Ihres Körpers bewusst, und spüren Sie die Aktivität Ihrer Organe, Ihres Blutes und der Körperzellen.
- Seien Sie dankbar für die Lebendigkeit Ihres Körpers.
- Im nächsten Schritt visualisieren Sie, wie Ihre körperliche Hülle sich auflöst.
- Stellen Sie sich vor, Ihr Körper zerfällt, wird zu Erdkrumen oder Sandkörnern.
- Lösen Sie sich in Ihrer Vorstellung von der körperlichen Hülle, und verwandeln Sie den grobstofflichen Organismus in eine andere Materie wie Erde oder Sand.
- Visualisieren Sie, wie Ihr Körper zu einem Teil des Erdreiches wird und sich gänzlich auflöst.
- Sehen Sie vor Ihrem geistigen Auge den Zerfall Ihres Körpers.
- Gleichzeitig spüren Sie sich nach wie vor existent und nehmen Ihr feinstoffliches Energiefeld wahr.
- Machen Sie sich mit dieser Visualisierung bewusst, dass Materie und auch Ihr Körper vergänglich sind – Ihre Seele jedoch nicht.
- Lassen Sie Ihren Körper zu einem Teil der göttlichen Schöpfung werden, aus der alle Körper geboren werden und zu der die Körper auch wieder zurückkehren.

- Verweilen Sie in dem Zustand der Körperlosigkeit, solange es für Sie durchführbar ist.
- Spüren Sie abschließend mit Hilfe von tiefer, voluminöser Atmung Ihren irdischen Körper.
- Seien Sie dankbar für Ihre Vitalität und Gesundheit.
- Danken Sie Ihrem Körper als einem Freund und Gefährten, der Ihre Seele in diesem Leben trägt und transportiert.

Diese Visualisierung bereitet auf den eigenen körperlichen Tod vor, nimmt damit die Angst und mildert zugleich Verlust- und Trauergefühle. Achtung: Die Übung ist tiefgreifend und daher nicht für jeden Menschen geeignet.

Übung 3

Kreuz-Atmung

- Begeben Sie sich auf einer Decke am Boden in die Rückenlage.
- Strecken Sie Ihre Arme in Schulterhöhe gerade von sich weg, richten Sie die Handinnenseiten zum Himmel aus, und richten Sie die Beine eng nebeneinander aus, so dass Ihr Körper ein Kreuz darstellt.
- Spüren Sie die Längsachse Ihres Körpers vom Kopf bis zu den Füßen.
- Atmen Sie in Ihrer Vorstellung über den Scheitel Ihres Kopfes ein.
- Ziehen Sie die Einatmung bis zur Brust, und senden Sie die Ausatmung die Beine hinunter bis zu den Füßen.
- Atmen Sie über die Fußsohlen vollständig aus.
- Nun atmen Sie über die Fußsohlen wieder ein und ziehen die Atmung bis zur Mitte der Brust.
- Von dort aus lenken Sie Ihre Ausatmung wieder zum Kopf und atmen in Ihrer Vorstellung über den Scheitel wieder aus.
- Über den Kopf atmen Sie wieder zur Brust hin ein und über die Füße aus.
- So lassen Sie Ihre Atmung entlang der Längsachse des Kreuzes, das Ihr Körper bildet, auf- und ab-, ein- und ausfließen.
- Atmen Sie entlang der Längsachse zehn- bis 15-mal oder solange es Ihnen konzentriert gelingt.
- Um die Querachse des Körpers zu spüren, lenken Sie schließlich die Ausatmung von der Mitte der Brust hin zum linken Arm und atmen über die linke Handfläche aus.

- Die über die Hand einfließende Einatmung wird von der Brust aus anschließend zum rechten Arm und zur Hand gelenkt, um über die rechte Handfläche ausgeatmet zu werden.
- Lassen Sie Ihre Atmung entlang der Querachse des Kreuzes hin- und hergleiten (etwa zehn- bis 15-mal).
- Bewahren Sie die Einatmung im Brustkorb und konzentrieren sich auf die Mitte der Brust, auf den Kreuzungspunkt beider Achsen.
- Der Kreuzungspunkt entspricht dem Herz-Chakra, und von hier lassen Sie nun Ihre Ausatmung in die Weiten des Weltalls fließen.
- Atmen Sie über die Fußsohlen, die Handflächen und den Scheitel ein, über den Kreuzpunkt in der Brustmitte aus.
- Atmen Sie alle Last aus, und teilen Sie Ihre Trauer mit dem Weltall.
- Versuchen Sie zu schlafen und sich den tiefen, weisen Träumen zu überlassen.

Die Kreuzatmung entlastet das trauernde Herz-Chakra und versinnbildlicht die Verbundenheit mit der Güte des Universums, denn das Kreuz ist nicht nur ein christliches Symbol.

Der Frühling geht –
die Vögel schrein ihm nach
in den Augen der Fische sind Tränen.

Bashō

Sich einsam fühlen

Die Ganzheit im Inneren suchen

Wer sich einsam fühlt, fühlt sich nicht heil und sucht nach Ganzheit. Die Suche nach Harmonie und Glück wird meist mit der Suche nach einem Partner verwechselt. Liebesgefährten sind jedoch nur ein Ersatz für innere Zufriedenheit – was die meisten Menschen nach einiger Zeit in einer Beziehung auch konstatieren müssen. Es gilt somit, die Ganzheit in sich selbst zu finden, bevor eine Partnerschaft erfüllend sein kann.

Sich einsam fühlen ist ein Gefühl des Nicht-geliebt-Werdens. Sich einsam fühlen ist ein Gefühl, das in Verzweiflung umschlagen kann. Sich einsam fühlen ist ein Gefühl, das die Macht hat, immer schlimmer statt besser zu werden. Was steckt hinter diesem scheinbar allmächtigen Gefühl, das alles in sich verschlingt wie ein schwarzes Loch?

Wir gelangen auch bei diesem Emotionsthema zu der Spaltung zwischen Seele und Verstand, die den modernen Menschen beherrscht und zu viel empfundenem Leid führt. Kann eine heile Seele im Einklang mit dem Urwissen des Lebens und des Universums sich überhaupt einsam fühlen? Nein. Es ist der Verstand, der von Kindesbeinen an durch elterliche und gesellschaftliche Muster geprägt wurde und der Personen als minderwertig abstempelt, wenn das Leben nicht in einer Partnerschaft verbracht wird. Diese Prägung und das Vorbild der Eltern sind meist so stark, dass das persönliche Single-Dasein als Makel empfunden wird und man sich unglücklich fühlt. Gleichwohl fühlt sich mancher aber auch innerhalb einer Beziehung oder in einem Familienverband einsam und allein gelassen. Warum? Weil die meisten Individuen Beziehungen zu anderen Menschen als Ergänzung für die fehlende Ganzheit suchen, was ihnen allerdings nicht bewusst ist.

So dienen Beziehungen als Ersatz für abwesende Ganzheit, für mangelndes

Vollkommensein, für fehlende Eigenliebe, für die nicht vorhandene innere Göttlichkeit und vermisstes Glück und Zufriedenheit.

Einsamkeit mit Hilfe eines Partners heilen zu wollen, muss zwangsläufig aus zwei Gründen scheitern: Erstens ist jeder selbst für sein Leben verantwortlich, und zweitens kann man das Glück des Lebens nur im Inneren, nicht im Äußeren finden. Auch der exzessive Gebrauch von Ersatzdrogen zur Erreichung der inneren Zufriedenheit in Form von Shopping, sportlichem oder beruflichem Leistungsehrgeiz oder gesundheitsschädigendem Massenkonsum von Essen, Alkohol oder Medikamenten führt in eine Sackgasse. Am Ende steht jeder wieder vor dem Spiegel der Selbstbetrachtung und fragt sich, warum er/sie einsam ist.

Das Tor zur Selbsterkenntnis

Das Festhalten von Partnern oder Kindern, als ob sie Eigentum wären, oder das Anhaften am materiellen Besitz und sein Horten oder ein maßloses Arbeitspensum sind alles Ersatzstrategien, um dem Leben einen Sinn zu geben. Strategien, die allesamt das Ziel verfehlen. Das Gefühl von Einsamkeit ist äußerlich betrachtet kein schönes Gefühl, aber hinter der Fassade dieser Emotion offenbart sich eine große Chance. Vielleicht sogar die größte Chance, die einem Menschen zuteil werden kann, denn das Gefühl von Einsamkeit ist das Tor zur Selbsterkenntnis, und Selbsterkenntnis ist der Schlüssel, mit dem die vor Urzeiten verlorene Ganzheit der Seele wiederzufinden ist.
Die Seelen wandeln auf Erden, um ihre Kenntnisse über Emotionen zu mehren und die eigene Göttlichkeit im Inneren wiederzufinden. Unser heutiger Lebensstil scheint dies zu verhindern oder macht es zumindest schwierig, das tiefe innere Glück zu finden. Wer sich achtsam auf die Suche nach dem Glanz der Göttlichkeit im Individuellen begibt, wird sie finden, und wer die Ganzheit, das Heilsein wiederfindet, wird sich niemals alleine fühlen und schließlich auch glückliche Partnerschaften führen können. Die menschliche Seele braucht Stille für die Suche nach Harmonie, und Einsamkeit ist stets ein bedeutsamer Teil des gesunden Lebensbaumes.

Übung 1

Die innere Göttlichkeit

- Betrachen Sie das Seelenbild dieses Kapitels, es ist ein fotografischer Ausdruck der Einsamkeit.
- Stellen Sie sich vor, wie Sie in dieser Landschaft spazieren gehen – einsam und allein.
- Die Welt ist groß, und scheinbar sind Sie die einzige Person auf der Welt.
- Setzen Sie sich in Ihrer Vorstellung auf die Bank, und betrachten Sie das Panorama.
- Schließen Sie Ihre Augen, während Sie auf Ihrem Meditationsplatz sitzen, und lassen Sie Ihren Atem frei fließen.
- Beobachten Sie sich, Ihren Körper und Ihre Gedanken für eine Weile.
- Sie fühlen sich einsam und allein, und Ihre Gedanken kreisen immer wieder um dieses Thema.
- Stellen Sie sich das Gefühl der Einsamkeit wie einen Stein vor, der Ihren Körper und Ihren Geist gewaltig belastet.
- Spüren Sie das Gewicht des Steins, und komprimieren Sie alle emotionalen Gedanken in diesem Stein.
- Formen Sie Ihren Stein der Einsamkeit in Größe, Gewicht und Erscheinungsbild ganz so, wie es Ihnen angemessen erscheint.
- Konzentrieren Sie alle Gedanken auf diesen Stein.
- Nun lassen Sie den Stein fallen.
- Der Emotionsstein fällt aus Ihnen heraus und plumpst schwer zur Erde.
- Das Gefühl der Einsamkeit in Form des Steins liegt nun auf der Erde, ist ein Teil der Natur um Sie herum.
- Sie können den Stein distanziert betrachten, weil er nicht mehr ein Teil von Ihnen ist.
- Anstelle des Gefühls eines schweren Steins in Ihrem Inneren spüren Sie nun Leere, ein Vakuum im Körper.
- Sie haben sich von einer Belastung gelöst und suchen nun nach einer Füllung für das Vakuum.
- Richten Sie Ihre Gedanken auf das Universum.
- Blicken Sie mit Ihrem inneren Auge in das Weltall hinaus.
- Sehen Sie die weit entfernten Galaxien mit Millionen von Sonnen und Planeten, umhüllt im Nebel des Lichts und umfangen vom dunklen Weltall.
- Stellen Sie sich vor, das Weltall ist ein Spiegelbild Ihres Selbst.

- Sie sehen ein ätherisches, transparentes, überirdisches Abbild Ihres Selbst in überdimensionaler Größe im Weltall schweben.
- Das Antlitz Ihres Selbst lächelt Sie sanft und liebevoll an.
- Ihr Spiegelbild im Weltall umarmt und beschützt Sie.
- Das Abbild ist die göttliche Hälfte Ihres Selbst, die Sie begleitet und leitet.
- Sie sind nicht allein, denn Ihr ätherisches Licht im Kosmos ist stets mit Ihnen verbunden, in diesem Leben und für alle Zeit.
- Spüren Sie die Wärme im Körper, die Ihnen das Wissen um ihre individuelle Göttlichkeit vermittelt.
- Machen Sie sich diese Zweisamkeit, die weit über alle irdische Zweisamkeit erhaben ist, bewusst, und integrieren Sie dieses Gefühl so tief in Ihrem Geist wie möglich.
- Die Göttlichkeit in Ihrem Inneren ist immer nahe bei Ihnen und hilfreich und heilsam in jedem Moment Ihres Lebens.
- Danken Sie der göttlichen Führung in Ihnen und im Universum.
- Verabschieden Sie sich in dem Bewusstsein, jederzeit Ihr göttliches Abbild im Weltall wieder kontaktieren zu können.
- Atmen Sie einige tiefe, weite Atemzüge, spüren Sie wieder Ihren irdischen Körper und öffnen Sie sanft wieder Ihre Augen.

Diese Meditation führt zur inneren Göttlichkeit, die viele nicht mehr spüren können, was als Alleinsein empfunden wird. Die Übung ist hilfreich in akuten Momenten der Einsamkeit, aber auch als prinzipielle Bewusstwerdung der inneren Führung.

Übung 2

Bauch-Atmung

- In Momenten der Einsamkeit und bei dem Gefühl des Verlorenseins oder Verlassens konzentrieren Sie sich ganz auf Ihren Bauchraum.
- Legen Sie beide Handflächen auf den Bauchnabel. Ihre warmen Handinnenseiten sind angenehm auf der Bauchdecke spürbar.
- Atmen Sie in Ihrer Vorstellung hin zu den Handflächen tief ein und aus.

- Sagen Sie im Stillen zu sich: »Ich bin ich, ich bin heil, ich bin ein Ganzes.«

Hilfreich in schwachen Momenten der einsamen Angst, denn sowohl die Atemübung als auch die Affirmation unterstützen das Selbstbewusstsein.

Übung 3

Blumenzwiebel-Meditation

- In einem Moment der Stille stellen Sie sich Ihren Körper als ganz erdverbunden vor.
- Sie sind eine einsame, aber vitale und füllige Blumenzwiebel, die in der warmen Erde steckt und von der Mutter Erde genährt wird.
- Sie sind tief verwurzelt und erhalten alles Nötige für Ihr gesundes Wachstum aus der Erde.
- Die Erde um Sie herum ist warm, wird jedoch stetig wärmer, und Sie spüren die zunehmenden Sonnenstrahlen auf der Erdoberfläche.
- In Ihnen schwillt das Gefühl, sich ausdehnen zu wollen und zu wachsen.
- Die von den Strahlen der Sonne erwärmte Erde umhüllt Sie und treibt Ihr Wachstum stetig voran.
- Sie strecken sich langsam in Richtung Erdoberfläche aus. Sie wachsen immer mehr nach oben und treiben einen saftigen Stiel aus Ihrem Inneren in Richtung Sonne.
- Die Erde spaltet sich durch Ihre Kraft und macht Ihnen Platz.
- Ihr Schössling durchbricht die Erdoberfläche, und Sie spüren die Sonnenstrahlen auf Ihrer pflanzlichen Hülle.
- Sie strecken sich kräftig wachsend der Sonne entgegen und verwandeln das Licht der Sonne in einen saftigen Nährstoff im Inneren.
- Sie atmen. Sie wachsen. Sie beginnen, eine Knospe auszubilden.
- Die Knospe wächst und in der Knospe bilden sich zarte Blütenblätter als Ausdruck Ihres Selbst.
- In der Knospe wird es eng, und Sie sind neugierig darauf, die Sonne und die Welt zu entdecken.
- Ängstlichkeit und Sorgen um Einsamkeit lassen Sie zögern, doch schließlich bricht es aus Ihnen heraus.
- Kraft Ihrer tiefen Wurzeln und dank der wärmenden Sonne öffnet sich die Knospe, und eine Blüte bildet sich aus.
- Die Sonne am Himmel erblickend, öffnet sich Ihre Blüte.

- In den schönsten Farben und in herrlichster Form präsentieren Sie Ihr Innerstes der Sonne und bitten um Ihren Segen.
- Vorsichtig blicken Sie sich als Blüte auf der Wiese des Lebens um, und Sie entdecken voller Freude, dass Sie nicht allein und einsam sind, wie Sie es im Erdreich waren.
- Viele bunte Blüten wachsen mit Ihnen auf der Wiese und alle haben gemeinsame Ziele.
- Alle Blumen möchten leben, der Sonne entgegenwachsen und für andere leuchten. Sie bilden ein Blumenmeer, an dem sich alle erfreuen dürfen.
- Als schöne Blumen sind Sie ein Teil des Ganzen, aber auch in sich vollkommen und schön.
- Sie sind nicht allein und leuchten im Glanz des Lebens wie viele rings um Sie auch.
- Am Ende dieser Visualisierung spüren Sie, wie Sie sich wunderbar kraftvoll, vital, herrlich gestärkt und als ein Teil des wogenden Blumenmeers fühlen, in dem Sie ein einzigartiges Individuum sind, aber keinesfalls einsam oder allein.

Die Einsamkeit, ach.
Veranlasst von der Blüte
des Lebensbaumes.

Bashō

Unglücklich sein

Was ist Glück?

Glück könnte man als die Abwesenheit von Unglück definieren. Oft wird Unglück als Schicksalsschlag, dramatisches Ereignis, Unfall oder als das Eintreten einer lebensbedrohlichen Erkrankung verstanden. Unglück geht also mit Erlebnissen einher, die nicht wirklich häufig eintreffen. Dennoch bezeichnen sich viele Menschen als nicht glücklich oder als unglücklich. Glück und Unglück sind ein Paar.

Sind Sie glücklich? Wie würden Sie die Frage beantworten? Wenn Sie ein rundum glückliches Leben führen, zufrieden und harmonisch mit sich und Ihrer Umgebung sind, gibt es Anlass zur Gratulation. Oft hört man jedoch Antworten, die ausweichend umschreiben, dass die gefragte Person zwar privat zufrieden ist, aber mit dem Job unglücklich ist oder dass es gesundheitliche Probleme gibt, Stress und Ärger einige Bereiche des Lebens prägen. Bis zur generellen Aussage »Ich bin unglücklich« ist es vielleicht ein weiter Weg, aber wer kann wirklich von sich behaupten, stets, gänzlich und vollkommen glücklich zu sein?
Mit dem Thema Glück bzw. Unglück offenbart sich das Phänomen des Dualismus, der die Menschheit stark prägt. Die Menschen denken, leben und fühlen in Zweierkombinationen wie gut/schlecht, neu/alt, billig/teuer, Frau/Mann oder Glück/Unglück. Durch den über die Ratio geprägten Dualismus wird vergessen, dass ein Auf und Ab, dass Licht und Schatten zentrale und ganz natürliche Bestandteile des Lebens sind.

Ohne dass dunkle, tiefe Täler durchschritten werden, können auch keine sonnigen Gipfel erklommen werden. Glück und Unglück bedingen sich also gegenseitig, denn unter der gänzlichen Abwesenheit von Unglück würde niemand sich glücklich wissen und das Glück als etwas Wertvolles schätzen. Man kann also vom »Glück des Unglücklichseins« sprechen, denn in den tiefen Tälern des Lebens finden meistens die wichtigen, voranschreitenden Lebensprozesse statt. Wäre immer alles einfach, flach, sonnig und klar, wäre keine weiterführende Entwicklung notwendig.

Das Glücksgedächtnis stärken

Phasen des Unglücklichseins überkommen die meisten Menschen mehr oder weniger ausgeprägt in Form von allgemeiner Melancholie oder unspezifischer Traurigkeit. Hormonell bedingt durchlaufen Frauen und auch Männer monatlich einige Tage der stärkeren Empfindsamkeit, was bei genauerer Betrachtung etwas Positives ist. Da aber nur wenige Menschen sich intensiv mit ihrem Körper und ihrer Seele in Stille auseinandersetzen, werden melancholische Tage nur allzu häufig mit Zeiten der Reizbarkeit oder Aggression überdeckt und betitelt – ein glatter Selbstbetrug. Bei wiederkehrenden Zeiten des Unglücklichseins ist es empfehlenswert, dieses Gefühl in Meditationen zu ergründen, den Kopf abzustellen und in den Tiefen der Seele nach dem Grund der unglücklichen Emotion zu suchen. Emotionen des Unglücklichseins und des Glücklichseins liegen so eng aneinander, dass eine Verwandlung relativ leicht möglich ist, wenn der permanent bewertende, dualistische Verstand erst einmal ausgeknipst wird. Häufig sind es nämlich die äußeren Zwänge der Gesellschaft, die ein stetes Gefühl von Kampf, von Außenbestimmtsein, von Ärger oder Angst hervorrufen (also alle Kapitel dieses Buches), die sich letztendlich in dem überwältigenden Gefühl des Unglücklichseins zusammenballen.

Die Emotion des Unglücklichseins ist de facto für jeden eine Chance zum Wandel, und meditative Momente der Stille sind die ganzheitliche Methode, diese Chance zu nutzen. Nicht unerwähnt bleiben soll an dieser Stelle die pathologische Form des periodischen Unglücklichseins, die Depression genannt wird und behandlungsbedürftig ist. Depressionen können unterschiedliche Ursachen haben und sind gegebenenfalls heilbar – scheuen Sie sich nicht, den Rat und die Hilfe von Fachleuten wie Psychologen, Psychiatern oder Ärzten einzuholen oder sich an psychologische Zentren zu wenden.

Übung 1

Brief aus dem Universum

- Nehmen Sie sich 60 Minuten Zeit, und ziehen Sie sich an einen stillen Ort zurück, an dem Sie sich ungestört Ihrer Selbstreflexion widmen möchten.
- Legen Sie sich drei Seiten eines schönen Papiers (kein Notiz- oder Tagebuch) und einen Füller bereit.
- Schließen Sie Ihre Augen, und nehmen Sie sich als atmendes, vitales Wesen bewusst wahr.
- Spüren Sie Ihren Körper und seinen lebendigen Atemrhythmus.
- Wenden Sie Ihre Sinne von der äußeren Welt ab, und hören Sie nach innen auf Ihren Herzschlag.
- Versuchen Sie, Ihre Seele zu spüren, fernab von allen Gedankengängen und allen Gefühlen.
- Nach einiger Zeit dieser inneren Wahrnehmung konzentrieren Sie sich auf möglichst all Ihre schmerzlichen Erinnerungen und unglücklichen Momente, die Sie durchlitten haben – beginnend in der Kindheit bis heute.
- Schreiben Sie diese Erinnerungen des Unglücklichseins in Stichpunkten als Liste auf das vorbereitete Papier.
- Schreiben Sie, solange es nötig ist, aber setzen Sie sich nicht unter Druck. Lassen Sie die Worte aus Ihrem Inneren herausfließen.
- Die Liste kann unvollständig sein, und Sie müssen sich nicht an alles erinnern.
- Legen Sie anschließend die Liste vor sich ab, und schließen Sie wieder die Augen.
- Konzentrieren Sie sich nun auf das Weltall, die dunkle Weite und die Fülle der Welten im Kosmos.
- Stellen Sie sich selbst als ätherisches, überdimensionales Wesen im Weltall vor, stellen Sie sich als Gott oder Göttin vor, die aus dem Kosmos auf Sie blickt.
- Senden Sie Ihre Emotionen des Unglücklichseins zu Ihrem Abbild im Kosmos, lassen Sie von Ihren unglücklichen Gefühlen und Erlebnissen los.
- Ihre Emotionen sind nun wieder Teil des unfassbaren Weltalls, das diese Energien in sich aufnimmt, verwandelt und heilt.
- Hüllen Sie sich selbst und Ihr göttliches Abbild in sanftes grünes Licht, und empfangen Sie über das Licht heilsame Energie, die in Ihr Herz fließt.

- Lassen Sie Tränen frei fließen, wenn Ihnen danach zumute ist.
- Nehmen Sie sich ausgiebig Zeit für diesen Prozess und diese Visualisierung.
- Anschließend konzentrieren Sie Ihre Gedanken auf alle glücklichen Momente in Ihrem bisherigen Leben.
- Erinnern Sie sich an glückliche Erfahrungen, hilfreiche und weise Erkenntnisse, positive Lernprozesse und Momente des inneren Glücks.
- Schreiben Sie diese Stichworte auf ein neues Blatt Papier.
- Lassen Sie die Erinnerungen fließen und Ihre Liste aus Ihrem Inneren heraus entstehen.
- Wundern Sie sich nicht, sollten einige Stichpunkte des Unglücklichseins als Stichpunkte des Glücks auftauchen. Beide liegen sehr nahe beieinander.
- Legen Sie die Liste vor sich ab.
- Schließen Sie die Augen, und nun senden Sie auch Ihre Emotionen, Ihre Liste des Glücks an Ihr göttliches Abbild im Kosmos.
- Lassen Sie goldenes Licht als Verbindung zwischen sich selbst und Ihrem göttlichen Antlitz entstehen.
- Empfangen Sie das goldene Licht über Ihren Nabelbereich.
- Verweilen Sie bei diesem zweiten Teil der Übung, solange es für Sie richtig und wichtig ist.
- Stellen Sie sich nun vor, wie Ihr göttliches Abbild aus dem Universum einen Brief an Sie schreibt.
- Öffnen Sie die Augen, und lassen Sie Ihren Füller frei und ohne zu denken über das nächste Blatt fließen.
- Die Worte finden aus den Weiten des Kosmos zu Ihnen, und Ihre Hand notiert die persönlichen Botschaften.
- Nehmen Sie sich auch für diesen dritten Teil der Übung so lange Zeit, wie die Worte von Ihrer Göttin/Ihrem Gott zu Ihnen fließen.
- Dann schließen Sie ein weiteres Mal Ihre Augen und hüllen sich und Ihr kosmisches Antlitz in violettes Licht.
- Das Licht durchdringt den Kosmos, den unendlichen Raum um Sie herum und Ihren Körper.
- Verweilen Sie in Dank und Achtsamkeit bei diesem Bild, solange Sie möchten.
- Bevor Sie die Augen wieder öffnen und Ihre Mediation beenden, atmen

Sie kräftig ein und aus und richten dann allmählich Ihre Sinne nach außen.
- Lesen Sie den Brief des Universums in aller Ruhe und bewahren Sie ihn wie einen Schatz.
- Die Listen des Unglücks und des Glücks können Sie zerreißen oder am besten mit der inneren Haltung des Danks verbrennen.
- Spüren Sie die Leichtigkeit des Seins, und erfreuen Sie sich an Ihren Botschaften aus dem Universum, die Sie jederzeit wieder lesen können.

Diese sicher aufwendige Meditation ist kein Ritual für jeden Tag, aber mindestens einmal jährlich empfehlenswert. Die Wendezeit am Jahresende/Jahresanfang ist exemplarisch ein guter Zeitpunkt, sich von den Emotionen des Unglücklichseins zu lösen.

Übung 2

Mudra-Reihe gegen das Gefühl des Unglücklichseins

- Folgende Mudra-Übungen können Sie jederzeit, zu Hause, unterwegs oder am Arbeitsplatz ausüben und sie täglich einige Sekunden lang mit beiden Händen ausführen.
- Als Meditationsritual und mit stärkerer Wirkung führen Sie jede der drei Fingerhaltungen zweimal täglich für je zehn Minuten aus.
- Konzentrieren Sie sich wie immer bewusst auf Ihren Körper und Ihre Atmung.
- Über die Atmung gewinnen Sie Ruhe und Gedankenkraft und nehmen sich als lebendiges Wesen war.
- Legen Sie die Kuppen des kleinen Fingers und des Ringfingers an die Kuppe des Daumens. Mittelfinger und Zeigefinger bleiben aneinander liegend gestreckt.
- Ohne festen Druck der Finger und in sanfter Haltung verweilen Sie gemäß Ihres Zeitkontingents mit beiden Händen in diesem Lebens-Mudra.
- Anfänglich wird es Ihnen nicht leichtfallen, das Mudra über einen längeren Zeitraum zu halten. Erzwingen Sie nichts, und üben Sie beständig.
- Spüren Sie die pulsierende Lebendigkeit in Ihren Händen.
- Anschließend formen Sie das Energie-Mudra, indem Sie die Fingerkuppen von Ring- und Mittelfinger an die

Daumenkuppe legen und Zeigefinger und kleinen Finger abstrecken.

- Achten Sie auf eine lockere Verbindung, dann spüren Sie die vibrierende Energie in Ihren Händen.
- Als drittes Mudra strecken Sie alle Finger der Hände und klappen dann den Mittelfinger nach unten in Richtung Handfläche, die Fingerkuppe berührt den Daumenballen.
- Den Daumen legen Sie für das Himmels-Mudra auf den Mittelfinger.
- Die übrigen Finger (Zeige-, Ringfinger, kleiner Finger) bleiben gestreckt.
- Spüren Sie die feinstoffliche Kraft in den Handflächen und Ihre Verbindung zwischen dem weiten Universum und Ihnen als lebendigem Wesen auf Erden.
- Beenden Sie Ihr Mudra-Ritual mit tiefem, bewusstem Atmen und der Affirmation: »Ich bin gesund, zufrieden und glücklich.«

Die drei Fingerhaltungen dieser Übungsreihe sind Mudras, die die Gedanken auf das Empfinden der Lebendigkeit und die göttliche Gnade des Lebens konzentrieren und so das Gefühl des Unglücklichseins sanft auflösen.

Vollmond im Herbst.
Die ganze Nacht bin ich
rund um den Teich gegangen.

Bashō

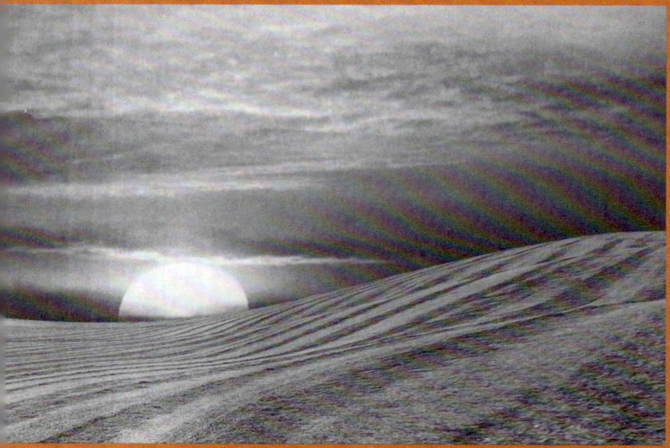

Sich in der
Freude verlieren

Die Freude möge ewig währen

Wenn Freude ewig währte, wäre es dann noch Freude oder einfach »normal«? In Momenten des Glücks und der Freude möchte man, dass die Zeit stillsteht. Die Liebe will festgehalten werden, der Urlaub möge ewig dauern, die Rosenblüten mögen immer blühen. Aber nichts währt ewig im Universum, und wer beizeiten lernt loszulassen, wird Momente der Freude intensiver und als etwas sehr Kostbares erleben.

Freude zu empfinden ist etwas Wunderbares und keineswegs unspirituell oder unziemlich. Die inquisitorischen Zeiten der dunklen Kirchengeschichte sind vorbei. Diese waren Zeiten, in denen Freude und Lust verteufelt wurden und das Leben, zumindest für die normale Bevölkerung, eine nimmer endende Odyssee des Leidens war.

Heutzutage sind Vorteilsnahme und Zerstreuung angesagt, und die moderne Problematik scheint vielmehr, dass – trotz aller Herausforderungen des Lebens – eher zu viel Freude in Form von kurzzeitiger Ablenkung vorhanden ist. Der rasche Genuss von Fast Food, das Hochgefühl beim Schuhkauf, welches schnell wieder erlischt, der maßlose Konsum der bewegten Bilder des Fernsehens oder bei Computerspielen, der kurze Kick durch Sex oder Drogen. All diese Ereignisse der Freude sind zeitlich limitiert, und weil sie dies sind, geht die Suche, die Sucht nach diesem Gefühl nimmer zu Ende. Wer neue Schuhe drei Wochen trägt, will wieder das Gefühl des »Neukaufrausches« erfahren. Wer drei Tage lang abends leckeren Wein trinkt, will am vierten Abend wieder Wein kosten. Sinneslust macht gierig, und die Sucht nach Freude im ansonsten freudlosen Leben ist überall zu beobachten. Auswüchse des Neids, der Gewalt und beispielsweise der perfiden Kinderpornografie im Internet sind nicht anders zu erklären, als dass die Menschheit vergnügungssüchtig ist und sich in der falsch verstandenen Freude verliert.

Wer keine spirituelle Tiefe im Leben hat, wird vom Ego beherrscht. Ein Leben, ausschließlich bestimmt von Arbeit und Sorge um Geld und die Existenzsicherung, führt, zumindest in den reichen Ländern der Industrienationen, zur Sucht und zum Anhaften an Freude. Der Mensch verliert sich in seinen kurzzeitigen Genüssen und reiht dies immer und immer wieder aneinander.

Freude – ein Geschenk

Wie sehr klammern sich Menschen aus gleichem Grund an Partner oder Kinder? Die Sucht nach Freude und Liebe ist die Motivation und die Trennung und Abnabelung ein Prozess des Entzuges. Die meisten Trennungen nach Liebesbeziehungen gehen vorwurfsvoll und mit tiefen Verletzungen zu Ende, weil man sich vorab in der Freude des Verliebtseins verloren hat. Die beste Art, irdische Freude zu genießen, in vollen Zügen und wirklich unbeschwert, ist, die Freude als etwas Vergängliches zu sehen, wie auch das grobstoffliche Leben etwas Vergängliches ist. Tiefer Genuss und gleichzeitiger Schutz vor dem Verlorengehen in der Freude bestehen aus drei Grundeinstellungen zum Leben: 1. An nichts anhaften. 2. Nichts erwarten. 3. Dem Jetzt keinen Widerstand entgegenbringen. Es geht also darum, Freude zu empfinden, aber auch wieder loszulassen und nicht durch Anhaften zielsicher Enttäuschungen zu erleben. Wer erwartet, wird enttäuscht werden. Wer nichts erwartet und auch nicht ständig mit Bewertungen über etwas oder jemanden aufwartet, wird die wahre Freude des Lebens erfahren. Wem es gelingt, jedweden Widerstand gegen positive oder auch widrige Ereignisse des Lebens aufzulösen, wird sich unbelastet, leicht und gänzlich im Fluss des Lebens fühlen, was weit über die irdischen und grobstofflichen Begrenzungen hinausgeht. Weise, Mönche und Erleuchtete wirken meist wie von der Welt entrückt, weil sie diese drei Regeln der Lebensfreude beherrschen. Die Freude genießen und dann wieder loslassen.

Übung 1

Sonnen-Meditation

- Versetzen Sie sich für Ihre Meditation in eine Sommerstimmung.
- Betrachten Sie das Seelenbild dieses Kapitels, oder meditieren Sie im Freien bei einem Sonnenuntergang.
- Spüren Sie die Wärme der untergehenden Sonne auf Ihrer Haut.
- Konzentrieren Sie sich auf die Sonne, und nehmen Sie die Strahlen der Sonne, das goldene Licht in sich auf.
- Sie atmen das Licht der Sonne ein und visualisieren, wie sich das warme Sonnenlicht überall im Inneren Ihres Körpers verteilt.
- Jeder Körperteil, jedes Organ, jede Blutbahn und jede Zelle Ihres Organismus werden von dem Sonnenlicht durchflutet und aufgehellt.
- Wenn Ihr Körper von innen ganz und gar mit goldenem Licht durchdrungen ist, lassen Sie das Sonnenlicht schließlich über die Poren Ihrer Haut nach außen strömen. Teilen Sie das Licht der Sonne mit Ihrer Umgebung.
- Konzentrieren Sie das vom Inneren Ihres Körpers ausströmende Licht auf Ihren Kopf.
- Stellen Sie sich Ihren Kopf als Sonne vor, die sich langsam, wie auf dem Foto, unter den Horizont zurückzieht und in die Weiten des Weltalls hinausschwebt.
- Sie als Sonne schweben nun im Weltall und leuchten aus Ihrem Innersten im dunklen Raum des unendlichen Universums.
- Sie sind sich Ihrer sonnigen Existenz freudig bewusst. Sie spüren Ihre Wärme, aber Sie empfinden gleichzeitig auch die Weite des Weltalls.
- Die Planeten unseres Sonnensystems umkreisen Ihren Kopf und ziehen langsam und stetig ihre Bahnen um Ihren Kopf als sonnigem Mittelpunkt.
- Die Sonne, Sie selbst und Ihr eigenes Sonnensystem sind ein winziger Anteil in der Galaxie der Milchstraße.
- Ihr Leuchten ist intensiv, wohlnährend, golden, und dennoch verliert es sich in den unendlichen Weiten des Weltalls.
- Sie sind ein Teil des ganzen Universums, voll von wärmender Energie und Freude.
- Machen Sie sich Ihre Existenz als Teil des Ganzen vollkommen bewusst.

- Anschließend konzentrieren Sie sich wieder auf Ihre körperliche Existenz im Hier und Jetzt und spüren erneut die sonnige Wärme in Ihrem Körper.
- Beenden Sie Ihre Sonnen-Meditation mit tiefer, bewusster Atmung, und affirmieren Sie Ihr Gefühl der Lebensfreude mit dem Satz: »Ich bin die Sonne meines Lebens.«

Die Sonnen-Meditation vermittelt Ihnen einerseits die bewusste Freude über Ihre Existenz, macht Ihnen jedoch andererseits gleichzeitig bewusst, dass Sie kein einzigartiges Element im Universum sind, sondern ein Teil davon, und hilft Ihnen so, an nichts anzuhaften und festzuhalten.

Übung 2

Die demütige Haltung

- Breiten Sie eine weiche, wohlige Unterlage auf der Erde aus, eine Decke oder Meditationsmatte.
- Begeben Sie sich im Kniestand auf diese Unterlage, und setzen Sie Ihren Po auf den Fersen ab.
- Legen Sie die Handflächen in Brusthöhe aneinander. Die Finger sind gestreckt und liegen ebenfalls aneinander.
- Danken Sie Ihrem Gott oder dem Universum für Ihre körperliche und geistige Gesundheit.
- Dann legen Sie die Hände zur Erde und legen Ihre Stirn auf die Hände und verweilen entweder so. Oder Sie legen die Stirn direkt auf die Unterlage und strecken Ihre Arme nach vorne aus.
- Sie befinden sich nun in einer kontemplativen Gebetshaltung, Ihr Stirn-Chakra ist mit der Erde verbunden, die gewölbte Wirbelsäule ist gen Himmel gerichtet.
- Beten oder meditieren Sie in dieser Haltung, solange es angenehm für Sie ist.
- Nun stützen Sie sich mit den Händen wieder am Boden ab und rollen mit rundem Rücken und locker hängendem Kopf wieder nach oben auf.

Diese Haltung sollte mindestens einmal täglich ausgeführt werden, da der Körper auf diese Art ein Siegel des Dankes und der Demut der Schöpfung gegenüber einnimmt. Demut schützt vor Übermut und Anhaftung. Zusätzlich erfreut die Haltung auch Ihren Rücken, weil die Position die Wirbelsäule entspannt.

Übung 3

Der Spaziergang zur Seele

- Bereiten Sie sich auf eine längere Meditation sitzend oder liegend vor.
- Beobachten Sie Ihren Atemrhythmus, um die Gedanken zu beruhigen und vom Tagwerk loszulassen.
- Kehren Sie Ihre Sinne nach innen, und nehmen Sie sich so lange Zeit, wie Ihr Geist benötigt, um abzuschalten.
- Dann lassen Sie vor Ihrem geistigen Auge eine schöne Treppe entstehen, die über zehn Stufen in die Tiefe führt.
- Die Treppe lädt Sie ein, nach unten zu schreiten.
- Sie betreten die oberste Stufe und gehen langsam, Schritt für Schritt, Stufe um Stufe tiefer nach unten.
- Nehmen Sie sich Zeit, langsam nach unten zu schreiten.
- Am Ende der Treppe eröffnet sich Ihnen ein Raum, ein Ort oder eine Landschaft.
- Es ist ein Anblick, der Sie einlädt, näher zu treten, und Sie betreten ganz in Ruhe die Szenerie.
- Warten Sie, welche Bilder in Ihnen aufsteigen, und machen Sie sich in Ihrer Vorstellung den Ort so angenehm wie möglich.
- Sie freuen sich über den Anblick und fühlen sich an diesem Ort, der tief in Ihrer Seele liegt, wohl und geborgen.
- Schauen Sie sich an Ihrem Seelenort um, und beobachten Sie alle Details.
- Schließlich finden Sie dort ein großes, altes und prächtiges Buch.
- Schauen Sie sich das Buch an, und Sie entdecken Ihren Namen auf dem Buchrücken.
- Sie beginnen, in dem alten Buch vorsichtig zu blättern, und schlagen die erste Seite auf.
- Sie lesen in diesem Buch den Verlauf Ihres Lebens, beginnend mit der Geburt und den Erlebnissen in der Kindheit.
- Sie blättern in den Seiten des Buches Ihres Lebens und lesen die Geschichten und Ereignisse Ihres Lebens bis zum heutigen Tag.
- Schließlich blättern Sie um und sehen die erste leere Seite des Buches.

- Erspüren Sie in den Tiefen Ihrer Seele, wie ihr Leben von nun an weiterverlaufen wird.
- Machen Sie sich die Freude und die Stärke Ihrer Seele bewusst, und spüren Sie das tiefe Gefühl des Beschütztseins.
- Freuen Sie sich, das Buch Ihres Lebens und den Kontakt zu Ihrer Seele gefunden zu haben.
- Prägen Sie sich den Ort, an dem Sie sich befinden, ein, bevor Sie ihn wieder verlassen.
- Es ist der Ort, der Sie zum Innersten Ihres Seins, zu Ihrer Seele führt.
- Begeben Sie sich in Ihrer Meditation wieder in Richtung zur Treppe.
- Gehen Sie die Treppen wieder langsam Stufe für Stufe nach oben in der tiefen Gewissheit, jederzeit diesen Spaziergang zu Ihrem Seelenort wiederholen zu können.
- Am oberen Ende der Treppe konzentrieren Sie sich wieder ganz auf Ihre Atmung und die Wahrnehmung Ihres Körpers.
- Seien Sie dankbar für diese meditative Erfahrung.

Diese Übung des Buches führt Sie zur Freude des Lebens und zum Genuss – ganz im Maß und im Einklang mit der Schöpfung.

Das Jahr geht hin.
Noch immer trage ich
Strohhut und Strohsandalen.

Bashō

Loslassen

Die Vollkommenheit im Jetzt suchen

Seelenruhe und Stille findet der Mensch nicht in der Vergangenheit oder in der Zukunft. Die Kraft, die Ganzheit und das Glück im Herzen sind nur in Momenten des gelösten Bewusstseins zu suchen und zu finden. Wer emotionale Blockaden lösen möchte, wird erfolgreich sein, wenn Körper, Geist und Seele in vollkommener Harmonie sind und Momente der Stille im Jetzt erfahren.

Die Essenz allen Seins ist die Stille. Es sind nicht die Emotionen, die vom Verstand groß und allmächtig gemacht werden. Die Seele empfindet Emotionen, um ihrem Bedürfnis nach Ruhe und Chance zur Verarbeitung Ausdruck zu verleihen. Jede Emotion benötigt Zeit, um den richtigen Platz auf dem Erfahrungskonto des Lebens zu finden. Findet diese Zeit des Nachgangs nicht statt, weil Alltag und moderne Lebensweise dies nicht zulassen, entstehen emotionale Verletzungen, die beim nächsten, ähnlich gearteten Erlebnis tiefer und gravierender werden.

Ändern Sie Ihre Rolle im Leben, und verwandeln Sie sich vom agierenden und reagierenden Menschen zum bewussten, neutralen Beobachter Ihrer Lebensumstände. Die neutrale Position dem Tun und Sein gegenüber birgt einen großen Schatz in sich: den Schatz der Erleichterung des Lebens, des »Laisser-faire«, des Zulassens von Ereignissen und Lebensumständen im tiefen Vertrauen darauf, dass alles seinen Platz hat und dass alles seine Zeit hat. Der Verstand wird nie Dinge einfach zulassen, sondern stets eine Vielzahl an Erfahrungen aus der Vergangenheit und Argumente, die sich auf mögliche Folgen in der Zukunft beziehen, aufführen, um dem Jetzt größtmöglichen Widerstand entgegenzusetzen. Warum? Weil der Verstand im Jetzt, in dem Moment des wahren Seins, des losgelösten Bewusstseins keine Existenzberechtigung hat. Wer ohne emotionale Blockaden das Leben genießen möchte, kann dies durch Bewusstseinsarbeit und ehrliche Selbstfindung erreichen.

Vollkommene Ganzheit

Wer sich einige Zeit auf die reine Körperwahrnehmung konzentriert, wird Stille erfahren und die Seele befreien. Stille befreit alles: den Geist, den Körper, die Seele. Sie befreit sogar das Leben von Druck und Zwang. Mit täglicher meditativer Stille wird das Spektrum der Tatkraft im Alltag gefördert, denn Energie kann zielgerichteter eingesetzt werden. Der wiedererlangte, natürliche Gleichklang zwischen den drei Komponenten des Lebens, Körper, Geist und Seele, fördert die Gesundheit, die auch als vollkommene Ganzheit bezeichnet werden kann.

Die Körperwahrnehmung in Stille ist ein exzellentes und ganzheitliches Heilmittel und wird Tiefenentspannung genannt. Während dieser Körperkonzentration fließt der Atem viel ruhiger und damit intensiver, der Geist darf wahrnehmen, ohne zu denken und ohne intellektuelle Schlüsse ziehen zu müssen. Der Muskeltonus des Bewegungsapparates lässt nach, weil das Körpergewicht bewusst der Erde überlassen wird. Die aktive Existenz verwandelt sich nach einer Weile der Wahrnehmung in reines, passives Sein. Man beginnt zu schweben, statt zu denken und zu lenken ... ein herrliches Gefühl der Freiheit stellt sich ein. Freiheit für Ihre Seele und Gesundheit für Ihren Körper.

Eine Stunde für Ihr Seelenheil

Verständlicherweise ist es nur sehr geübten Yogis möglich, sich selbst in den Zustand einer Tiefenentspannung zu versetzen. Die Vielzahl der Menschen benötigt dazu eine Anleitung. Da man jedoch nicht gleichzeitig lesen und entspannen kann, haben wir auf der beiliegenden CD entspannende Klänge für Sie zusammengestellt und den folgenden Text der Übung »Tiefenentspannung« für Sie als Anleitung zum Mitmachen gesprochen, damit Sie ganz und gar loslassen können.

Stellen Sie Telefone und unnötige elektrische Geräte ab, sorgen Sie für äußere Ruhe, und richten Sie sich einen gemütlichen, weichen Platz zum Liegen auf dem Boden her. Wenn Ihnen leicht kalt wird, legen Sie eine Decke zum Zudecken bereit. Die Musik und die Anleitung der CD nehmen Sie idealerweise über einen Kopfhörer wahr, aber ein Klangbad im gesamten Raum ist auch eine passende Art, sich in einen tiefen Entspannungszustand zu begeben. Nehmen Sie sich mindestens eine Stunde Zeit für Ihr Seelenheil, eine Stunde nur für sich.

Während der Tiefentspannung sollten Sie nicht einschlafen – es geht darum, die reduzierten Körperfunktionen bewusst wahrzunehmen und nicht schlafend zu träumen. Die Inder nennen diese Übungen auch die »Haltung des Todes«, da der Mensch so unbewegt wie tot aussieht, aber dennoch bei Bewusstsein ist. Dieser Zwischenzustand zwischen Aktivität und Schlaf öffnet Ihnen Tore für eine bisher unbekannte Wahrnehmungsweise, die nach altem Wissen viel erholsamer ist als acht Stunden unruhigen Schlafes. Es spricht auch nichts dagegen, im Anschluss an die Tiefenentspannung in den nächtlichen Schlaf zu gleiten, ansonsten beenden Sie die Übungen einfach mit Dehnen, Räkeln und Strecken wie angegeben.

Komm, lass uns schlafen gehen!
Das neue Jahr ist eine
Sache von morgen.

Buson

Abschlussübung

Tiefe Entspannung

Die folgende Übung wird Sie in einen Zustand tiefster Entspannung und innerer Stille führen – einen Zustand des bewussten, jedoch weitgehend bewegungslosen Wahrnehmens, ohne jedoch zu schlafen.
Bereiten Sie sich dazu einen gemütlichen und geschützten Platz am Boden, auf dem Sie weich und warm liegen können. Vermeiden Sie für circa eine Stunde störende Geräusche, und schalten Sie elektrische Geräte in Ihrer Nähe sowie alle Telefone ab.
Verweilen Sie bei jeder Wahrnehmung eines Körperteils mehrere Atemzüge lang. Atmen Sie ruhig und gleichmäßig, und ziehen Sie Ihre Sinne nach innen, zur Wahrnehmung Ihres Selbst.
Die begleitende Musik auf der CD wird Sie auf Ihrer Reise ins Innere begleiten und Sie in Kontakt mit Ihrer Seele bringen.

- Legen Sie sich mit dem Rücken auf den weichen, warmen Untergrund, und decken Sie sich bei Bedarf mit einer leichten Decke zu.
- Positionieren Sie die Beine ganz locker

Die Kirschblütenzweige sind gefallen –
zwischen den grünen Zweigen erscheint
der Tempel.

Buson

in eine leichte Grätsche, und lassen Sie die Fußspitzen einfach locker nach außen fallen.
- Positionieren Sie die Arme ebenfalls leicht gegrätscht, und richten Sie Ihre Handinnenseiten nach oben Richtung Himmel.
- Lassen Sie Ihre Finger locker schweben.
- Machen Sie sich das Gewicht Ihres rechten Fußes und des Beines bewusst.
- Atmen Sie in Ihrer Vorstellung zum Bein und Fuß, atmen Sie dort aus, und geben Sie ausatmend das Gewicht an die Mutter Erde ab.
- Atmen Sie nun zum linken Bein und Fuß, spüren Sie das Gewicht.
- Ausatmend überlassen Sie das Gewicht des linken Beines der Erde.
- Der weiche Boden gibt unter dem Gewicht der Beine nach – bei jeder Ausatmung sinken die Beine ein wenig tiefer zur Erde.
- Konzentrieren Sie sich nun auf das Gewicht des Beckenbereichs.
- Lassen Sie ausatmend das Becken zur Erde sinken – spüren Sie, wie der Boden unter dem Gesäß nachgibt.
- Atmen Sie nun über Ihren Nabel aus, und lassen Sie dabei die Bauchdecke und den unteren Rücken in die Erde sinken.
- Konzentrieren Sie sich auf das Gewicht des Brustkorbs und Rückens – ausatmend geben Sie dieses Gewicht an die tragende Mutter Erde ab.
- Spüren Sie nun das Gewicht Ihrer Schultern ganz bewusst. Atmen Sie tief ein, und ausatmend überlassen Sie das Schultergewicht einfach dem weichen Boden.
- Machen Sie sich die Schwere Ihres rechten Armes bewusst, lassen Sie den Atem zum Arm fließen, und ausatmend fließt das Gewicht des Arms zur Erde.
- Auch die Hand wird von der Erde getragen.
- Spüren Sie Ihren linken Arm, und geben Sie ausatmend das Gewicht des Armes an die tragende Erde vertrauensvoll ab.
- Jetzt konzentrieren Sie sich auf das Gewicht Ihres Kopfes – atmen Sie tief ein.
- Ausatmend spüren Sie, wie das Gewicht des Kopfes von der Erde getragen wird und der weiche Boden am Hinterkopf nachgibt.

- Lassen Sie den Atem auch weiter tief ein- und ausfließen, atmen Sie über die Nase ein und an den Handflächen und Fußsohlen aus.
- Mit jeder Ausatmung sinkt Ihr Körper tiefer zur Erde. Ihr Körper ist entspannt, sein Gewicht wird ganz und gar von der Erde getragen.
- Denken Sie »Atem«, fühlen Sie »Atem«, Sie sind »Atem« – nur Atem, nichts anderes.
- Ihr Körper atmet und ist Atmung.
- Ihr Kopf ist völlig frei von störenden Gedanken.
- Ihre Seele ist frei vom Gewicht des Körpers. Sie kann schweben und fliegen.
- Verweilen Sie in dieser Schwerelosigkeit.
- Zum Abschluss der Übung atmen Sie wieder aktiver und voluminöser aus und ein, und dehnen und strecken Sie sich langsam.
- Setzen Sie sich langsam auf, und nehmen Sie sich Zeit, aus dem entspannten Zustand der Schwerelosigkeit wieder in die Gegenwart zurückzukommen.

Nach der Zeit der Tiefenentspannung sollten Sie sich Zeit nehmen, der Wirkung nachzuspüren – auch wenn dies erst das Aufwachen am nächsten Morgen ist.
Die Übung dient der Wahrnehmung des wahren Selbst und des heiligen Seins – achten Sie sich, und ehren Sie das Leben durch Stille.

Ausklang

Beim Schreiben dieses Buches ist mir selbst wieder einmal klar geworden, wie sehr der Mensch durch Emotionen bestimmt wird. Jedes Kapitel und jede Übung habe ich aktiv nachvollzogen und gründlich in meinem Inneren aufgeräumt. Das tat sehr gut!

Den Biologen zufolge sind Gefühle scheinbar das, was den Menschen zum Menschen macht. Aber macht es uns damit besser oder erhabener? Gefühle der Treue oder auch der Trauer sind augenscheinlich auch bei Haustieren oder Wildtieren, wie z. B. bei Elefanten, zu beobachten, aber Gefühle der Wut, des Gekränktseins, der Eifersucht und des Neids sind doch etwas sehr Menschliches. Es wäre nicht im Sinne der Schöpfung, die uns diese Gefühlswelt auf dem Weg zur Menschwerdung mitgegeben hat, Emotionen zu verneinen und zu unterdrücken.

Wer weinen will, möge weinen, wer lieben will, möge lieben – die Seele lebt aus Emotionen.

Aber zwischen unterdrückten Gefühlen und der Anhaftung an Gefühltem gibt es mannigfache Zwischenstufen, die erklommen werden können und so das wahre Menschsein verkörpern. Ein Mensch zu sein bedeutet, abwägen zu können, verzeihen zu können und tolerant zu sein. Dies wird in der Hektik des Alltags nur allzu oft verdrängt und vergessen, da der Weg der Gier der einfachere und schnellere zu sein scheint. Das ist das typische und kurzfristig ausgerichtete Denken des Menschen, das darauf beruht, innerhalb einer Lebensspanne möglichst viel zu horten. Aber was erwartet uns in anderen Lebensspannen oder was erwartet die Seele im Himmelreich?

Wir leben inzwischen in einer entspiritualisierten Welt – zumindest im Westen. Es fehlt an Besinnlichkeit, an Ritualen der Höflichkeit und an Initiationswegen zu einer spirituellen Suche. Dabei sucht das gefühlsbetonte Wesen des Menschen doch eigentlich nur nach einem Halt und klammert sich folglich mangels anderer Alternativen an den

Emotionen fest, ob diese nun hilfreich oder schädlich sind. Der einzige Halt liegt jedoch im Loslassen. Wenn der Mensch, gleich welcher Methode er sich bedient, zu verstehen beginnt, dass das Loslassen der Schlüssel zum Glück ist, wird er einen Halt finden, der das Ende allen Suchens bedeutet.

Das Suchen und Finden der Leere ist das Hauptziel der östlichen Weisheitslehren, und dies stellt das Gegenteil der gegenwärtigen westlichen Lebensweise dar. Tun und Handeln verdrängen unser Leben und unser Sein, und so kommt es, dass wir Menschen des Westens zunehmend unzufriedener, unglücklicher, aber nicht leerer werden. Ich wünsche mir, dass Ihnen die Übungen dieses Buches helfen mögen, Tiefe in Ihrem Leben zu finden, beginnend damit, der Seele durch Stille Gehör zu verschaffen. Die Seele braucht Stille, sonst wird alles andere, das Materielle und Emotionale, so übermächtig im Kopf und im Körper, aber das Leben trotz Geld und Besitz nicht glücklicher. Das Leben ist ein Geschenk. Das Leben ist Liebe und es ist eine Entdeckungsreise, keine Arbeitsreise. Es ist die Leere, die uns vollends glücklich macht.

Der große Buddha
so leise vor sich hindöst
am Frühlingstage.

Shiki

Register

»Stille macht die Seele gesund,
Stille befreit von Ärger, Angst und Stress,
Stille befreit und heilt
das Innere des Menschen.«

Birgit Feliz Carrasco